Oppidi insignia
SLEA FLV.
A. Pons lapideus
B. Castrum D. Georgij, vulgo Die Jurgens Burch
C. Vetus delubrum; Nunc, Diuo Michaeli dicatum.
D. Ecclesia Cathedralis. E. Episcopi domus.
F. Turris S. Spiritus, ædificata a negotiatoribus Anglis
G. Curia. H. Reninsula, Holm germanice dicta
I. Monasterium dicatum, dis nobilium virginum
K. Hic incipit munimentum Gotfridi Danorum Regis inde
nomen germanice obtinens, Dennewerck. Ductum ab
orientali Maris sinu, vsque ad Occidentalem Oceanum.

Unseren Freunden und Förderern

PROVINZIAL

Provinzial Nord Brandkasse AG

Provinzial Nord Lebensversicherung AG

Abb. 1 St.-Johannis-Kloster Schleswig: Kreuzgang mit Aufgang zur Nonnenempore

Klöster in Schleswig-Holstein

Itzehoe – Preetz – Schleswig – Uetersen

Von Dieter-J. Mehlhorn

mit Fotos von Studierenden
der Fachhochschule Kiel,
Fachbereich Bauwesen in Eckernförde,
und Joachim Thode

Boyens

KLEINE SCHLESWIG-HOLSTEIN-BÜCHER · BAND 55

Herausgegeben von der
Provinzial Nord Versicherungsgruppe, Kiel

Wissenschaftlicher Betreuer: Prof. Dr. Dieter Lohmeier

Schutzumschlag: Kloster Itzehoe, Nordflügel des Kreuzgangs
Vorsatzblätter:
Vorn: Ansicht von Schleswig aus dem Städtebuch von Braun/Hogenberg, 1588
Hinten: Klöster in Schleswig-Holstein am Anfang des 16. Jahrhunderts

BOYENS
BUCHVERLAG

ISBN 3-8042-1145-3

Druck: Boyens Offset, Heide
Printed in Germany

INHALT

Abb. 2 Kloster Preetz: Seitenschiff der Klosterkirche

Einleitung: Nonnenklöster und Adelige Damenstifte in Schleswig-Holstein

Schleswig-Holstein ist kein Klosterland wie beispielsweise Alt-Württemberg, das bis zur Reformation etwa 500 Klöster und Stifte zählte. Im flächenmäßig etwa gleichgroßen Schleswig-Holstein gab es nur etwa 30 Klöster und Stifte. Vertreten waren die Benediktiner und Zisterzienser, Augustiner- und Prämonstratenserchorherren, Franziskaner und Dominikaner, Antoniter, Birgitten, Kartäuser, Augustinereremitinnen und die Schwestern des gemeinsamen Lebens vertreten. Zwei Nonnenklöster unterhielten die Benediktiner in Preetz und Schleswig, dem Zisterzienserorden nur lose zugehörig waren die Nonnenklöster Harvestehude, Itzehoe, Lübeck, Reinbek und Uetersen. Alle Klöster gingen während der Reformation und der Landesteilungen im 16. Jahrhundert unter. Von einigen blieben nur ein paar archäologische Reste, Kunstwerke in Museen oder nahen Kirchen, von anderen haben sich die Kirchen erhalten, von wieder anderen gibt es ein paar bauliche und in andere Gebäude einbezogene Reste. Auf den ersten Blick mag deshalb erstaunlich sein, daß es in Schleswig Holstein noch vier Einrichtungen gibt, die obwohl sie keine Klöster im ursprünglichen Sinne mehr sind, deren mittelalterliche Traditionen dennoch fortführen und sich auch heute noch „Kloster“ nennen.

Die Nonnenklöster hatten sich nach ihrer Gründung zusehens zu Versorgungseinrichtungen des Adels entwickelt, in denen Witwen, nicht verheiratete Frauen und junge Mädchen untergebracht werden konnten. Da die adeligen Familien erhebliche finanzielle Mittel und Grundbesitz in die Klöster eingebracht hatten, konnten sie die am Klostergut interessierten, zugleich aber dem Adel verpflichteten Landesherrn dazu bringen, den Fortbestand der Nonnenklöster Itzehoe, Preetz, Schleswig und Uetersen als Adelige Damenstifte zu gewährleisten und unter die Aufsicht der schleswig-holsteinischen Ritterschaft zu stellen.

Die Stifte wurden durch Einkauf der Töchter in den Kreis der Konventualinnen zu einer Art Lebensversicherungsanstalt, denn die jungen Mädchen bekamen das Recht, nicht nur in das Stift einzutreten, sondern dieses auch jederzeit wieder zu verlassen, wenn sie heiraten wollten. Dieser Zustand besteht heute noch, auch wenn der geistliche Auftrag, durch gemeinsames Gebet dem Wohl des Landes zu dienen, bereits Ende des 18. Jahrhundert erloschen ist. Heute leben die Konventualinnen nicht mehr im Stiftsbezirk selbst, sondern widmen sich verschiedenartigsten Tätigkeiten und wahren Tradition und Gemeinsamkeit allein noch bei regelmäßigen Treffen.

Die für die Kultur Schleswig-Holsteins bedeutsamen Klöster und Stifte sind bisher noch nicht zusammenfassend dargestellt worden. Zahlreiche

Aufsätzen beschreiben Einzelaspekte, eine Zusammenschau wurde aber bisher nicht geleistet. Der Grund dafür dürfte darin liegen, daß die monastische Kultur im 16. Jahrhundert unterging und die vier verbliebenen Adeligen Damenstifte, nur wenig in die Öffentlichkeit wirken. Die Baulichkeiten sind auch weitestgehend zerstört oder überformt, im kunstwissenschaftlichen Schrifttum finden sie mit Ausnahme der romanischen Dome und Stifte sowie der Lübecker Franziskanerkirche keine Erwähnung. Die Archivalien und wenigen erhaltenen Kunstwerke sind schwer zugänglich und weit verstreut. In einem ersten Ansatz habe ich versucht, diese zusammenfassende Darstellung zu leisten, habe mich jedoch überzeugen lassen, zunächst nur einen Teil, die Adeligen Damenstifte, zu behandeln. Eine umfassendere Darstellung aller schleswig-holsteinischen Klöster und Stifte bleibt deshalb noch in Vorbereitung.

Im ersten Teil dieses Buches versuche ich die Einrichtungen darzustellen, aus denen die vier Adeligen Damenstifte hervorgingen: die mittelalterlichen Nonnenklöster der Benediktiner und Zisterzienser. Die Nonnenklöster in Harvestehude, Reinbek und Lübeck bleiben außerhalb der Betrachtung, da aus ihnen keine noch heute bestehenden Damenstifte hervorgingen. Im zweiten Teil wird die Entwicklung bis heute dargestellt. Die Unterschiede beider Entwicklungsstadien werden evident am Wirken der Nonne und Priörin Anna von Buchwald und der Stiftsdame Augusta Louise Gräfin zu Stolberg-Stolberg: die erstere ganz in ihrer Aufgabe als Klosterfrau aufgehend, die zweite das Damenstift nur als Rahmen ihres nach außen gerichteten Lebens betrachtend. In den beiden ersten Teilen wird auf mittelalterliche und neuzeitliche Architektur und Ausstattung der Klöster bzw. Damenstifte sowie die Einbindung in allgemeine Zusammenhänge eingegangen. Ein dritter Teil gibt einen historischen Überblick auf die vier noch bestehenden Adeligen Damenstifte und eine Beschreibung der Baugeschichte sowie der erhaltenen Bauten und Kunstwerke.

Der Umfang der Aufgabe machte es nicht möglich, Grundlagenforschung zu treiben. Ich beschränke mich deshalb auf die Sichtung und Aufarbeitung des publizierten Wissens, selbst auf die Gefahr hin, daß das eine oder andere Detail einer strengeren Überprüfung bedürfte. Für dieses Buch wurden eigens Fotos von einer Studierendengruppe der Fachhochschule Kiel, Fachbereich Bauwesen in Eckernförde – Oliver Broska, Till König, Andreas Richter, Ricardo Piñeiro Alvarez, Janna Schulz und Jan Steinhusen – unter Anleitung des Kieler Fotografen und Lehrbeauftragten Joachim Thode erstellt. Die Zustimmung, die Fotos in den historischen Gemäuern zu machen, erfolgte durch die Priörinnen der Adeligen Damenstifte: Priörin von Schiller in Schleswig, Priörin Gräfin Brockdorff in Preetz sowie Äbtissin Gräfin Rantzau in Itzehoe und Berend Siemens, Propst des Kirchenkreises Münsterdorf. Wichtige Hinweise auf das Kloster in Uetersen erhielt ich durch Elsa Plath-Langheinrich.

Abb. 3 Kloster Preetz: Endwange des Chorgestühls im Nonnenchor mit gotischem Schnitzwerk

1. Die Nonnenklöster im Mittelalter

1.1. Niederlassungen der Benediktiner und Zisterzienser in Schleswig-Holstein

Der Benediktinerorden ist der älteste heute noch bestehende Orden des Abendlandes. Er geht zurück auf den heiligen Benedikt von Nursia (480–vor 553), der durch die von ihm formulierten Regeln dem Klosterwesen den entscheidenden Anstoß gab. Dabei bezog er sich auf die Schriften des heiligen Augustinus (354–430).

Als erster hatte dieser Kirchenvater Regeln über den monastischen Tagesablauf mit einem auf völliger Armut, äußerster Bußfertigkeit und Verpflichtung zu Fasten, Handarbeit und Schweigen für das klösterliche Leben als konkrete Anweisungen formuliert und theologisch wie moralisch begründet. Das individuelle Streben nach Vollkommenheit und die brüderliche Rücksichtnahme und Liebe suchte er im Gemeinschaftsleben („vita communis") zusammenzuführen: „Liebe besagt: Das Gemeinsame über das Eigene, nicht das Eigene über das Gemeinsame stellen. Ihr seid also um so weiter vorangekommen, je mehr ihr um die gemeinsame Sache bemüht seid, statt um eure privaten Interessen" (Schwaiger, S. 75). Aufgrund der recht allgemein gehaltenen Bestimmungen mit ihren Aussagen über Armut, Ehelosigkeit und Gehorsam, gemeinsames Gebet und Gotteslob erwiesen sich die Regeln des Augustinus als eine Art Minimalkonsens, für die Mehrzahl der Orden brauchbar für die Entfaltung des klösterlichen Lebens bis in die Gegenwart: Alle späteren Reformbestrebungen forderten stets die Rückkehr zu den Wurzeln und die strengere Beachtung der Regeln. In der zweiten Version seiner Regeln, „Regularis informatio", bezog er sich auch auf die Besonderheiten der weiblichen Gemeinschaften. Die erste überlieferte Regel für Nonnen mit der erstmaligen und weit ins späte Mittelalter gültigen Bestimmung einer strengen Klausur stammt von Caesarius von Arles (512–534).

Benedikt von Nursia suchte in Fortführung der Gedanken und Schriften des heiligen Augustinus den Tagesablauf im Sonnenjahr, das Kirchenjahr, die Bedürfnisse und Verpflichtungen der Klostergemeinschaft und deren Gottespflichten in Übereinstimmung mit den menschlichen Bedürfnissen zu bringen. Den Mönchen wurde genauestens der Tagesablauf , d. h. die Gebets-, Arbeits- und Schlafzeiten sowie das Ausmaß von Speisen und Getränken vorgegeben ebenso wie die Rücksichtnahme auf die besonderen Belange von Schwachen, Kranken, Alten und Jungen. Für das monastische Leben bestand die Verpflichtung zum Leben in der Gemeinschaft: „Man betete gemeinsam, arbeitete gemeinsam und schlief zur gleichen Zeit" (Braunfels, S. 37). Statt dauernden Schweigens bevorzugten die Benediktiner die Schweigsamkeit,

d. h. Reden nur wenn erforderlich, statt der Armut die Sparsamkeit. Als Buße wurde die Erziehung der Strafe vorgezogen. Vollkommenheit im christlichen Sinne suchten die Mönche in erster Linie in Gottesdienst und Gebet sowie in praktischer Arbeit. Bekannt wurde diese Verbindung liturgischer und praktischer Tätigkeiten durch den Wahlspruch „ora et labora (deus adest sine mora)" = „Bete und arbeite (Gott ist da ohne Verzug)". Die Organisation war streng hierarchisch: Der Abt wurde als „Stellvertreter Christi" oder „Vater" von der Klostergemeinschaft auf Lebenszeit gewählt, was ein hohes Maß an Konsens- und Überzeugungsfähigkeit voraussetzte. Den Mitgliedern des Konvents wurden besondere Aufgaben zugeordnet. Privateigentum war nicht erlaubt, alles gehörte allen zugleich und damit dem Kloster.

Von Monte Cassino aus, dem ersten von Benedikt 529 gegründetem Kloster, verbreiteten sich sich die Benediktiner missionierend über ganz Europa. Die Klöster waren jedoch nur lose miteinander verbunden und bildeten keinen Gesamtorden wie später die Zisterzienser oder die Bettelorden. Wiederholt kam es aber zur Bildung von Kongregationen, Zusammenschlüssen mehrerer Klöster bei gleicher Auslegung der Regeln. Einen Höhepunkt abendländischer Kultur stellt das 910 gegründete Kloster Cluny dar, von dem tiefgreifender und nachhaltiger Einfluß auf Architektur, Kunst, Wissenschaft und Musik des Mittelalters ausging. Im 10.–12. Jahrhundert erlangte der Orden so erheblichen Einfluß auf das kirchliche, politische und soziale Leben der Zeit, daß Päpste, Bischöfe, Kaiser und Fürsten mit ihm rechnen mußten.

Anhäufung und Mißbrauch von Reichtümern, mangelnde Beachtung geistlicher Regeln und Disziplinlosigkeit gaben immer wieder Anlaß für Reformbemühungen. Der Benediktiner Robert von Molesme (1027–1111) gründete 1098 in Cîteaux ein Reformkloster unter strenger Beachtung der Verpflichtung zu Armut und Handarbeit. Nachdem der später heiliggesprochene Bernhard von Clairvaux (1090–1153) 1113 in das Kloster eingetreten war, gab er diesem eine zentralistische Ordensverfassung. Seine größte Blüte erreichte der Orden im 12. und 13. Jahrhundert und breitete sich mit über 700 Niederlassungen über ganz Europa bis nach Schweden aus. Durch Missionierung und Landesausbau waren die Zisterzienser insbesondere an der Kolonisierung der Ostseeländer maßgeblich beteiligt und gewannen dadurch erheblichen politischen und wirtschaftlichen Einfluß auch in Nordeuropa.

Eine für die schleswig-holsteinischen Benediktiner bedeutsame Reformbewegung ging vom Kloster Bursfeld im heutigen Niedersachsen aus. Unter dem Abt Johannes Hagen (1439–1469) wurde die Bursfelder Kongregation reformwilliger Klöster mit gleicher Gottesdienst- und Lebensordnung gegründet. Ziel war es, das benediktische Klosterwesen auf seinen ursprünglichen Sinn zurückzuführen. Beratungen untereinander stützten den Zusammenhalt, Visitationen die Einhaltung der Regeln und Vereinbarungen.

Die Bursfelder Kongregation erfaßte im späten 15. Jahrhundert auch die Benediktinerklöster Cismar, Preetz.und Schleswig.

Das Klosterwesen war grundsätzlich männlich dominiert. Dennoch übte es von Anfang an eine große Anziehungskraft auch auf Frauen aus. Als Patronin der Benediktinerinnen gilt des heiligen Benedikt Schwester Scholastica. Die ältesten deutschen Frauenklöster wie Nonnberg in Salzburg und Frauenwörth im Chiemsee oder die niedersächsischen Klöster Bassum, Lamspringe und Gandersheim (gegründet in der 2. Hälfte des 9. Jahrhunderts) waren auf der Grundlage der „Institutio sanctimonialium" von 816 jedoch in erster Zeit eher Kanonissenstifte als benediktinische Nonnenklöster. Kanonissenstifte waren religiöse Gemeinschaften von Frauen, die nicht im Klosterstand (ordo monasticus) lebten, sondern ein vergleichsweise freies Leben in eigenen Haushalten führten, Vermögen besitzen und wieder in die Welt zurückkehren durften (ordo canonicus). Erst im 12. Jahrhundert wurden auch diesen die benediktinischen Klosterregeln verordnet. Seitdem wurde dort das Gemeinschaftsleben in der Klausur verbindlich. Das Amt der Äbtissin verschwand, deren Aufgaben sich die Priorin und der Propst teilten: für die innere Leitung des Klosters war seitdem die Priorin, für die Vertretung nach außen ein Propst zuständig. (In Schleswig-Holstein werden sie Priörin und Probst genannt; nur in Itzehoe heißen sie Äbtissin und Verbitter. Die Priörin ist hier für interne Klosterangelegenheiten zuständig und der Äbtissin untergeordnet.)

Ein weiblicher Zweig der Zisterzienser bestand schon 1132, d. h. nur wenige Jahre nach Gründung des Ordens. Der immense Zulauf von Frauen stellte den zentralistischen Orden jedoch vor außerordentliche organisatorische und geistliche Probleme. Weil Frauen keine Weihe empfangen und priesterliche Aufgaben übernehmen durften, mußte der Orden auch für ausreichend Priester sorgen. Das überforderte offensichtlich den Orden derart, daß sein Generalkapitel sich genötigt sah, 1152 die Aufnahme weiterer Frauenklöster kategorisch und 1220 die Inkorporation bereits bestehender Konvente abzulehnen und schließlich 1228 jede weitere Neugründung zu verbieten. Unterschwellig dürfte die in mehreren Äußerungen anklingende latente Frauenfeindlichkeit und Homoerotik der Zisterzienser ebenso dafür verantwortlich sein wie die Unvereinbarkeit des sich in harter körperlicher Arbeit manifestierenden Askesegedankens mit den Besonderheiten weiblicher Befindlichkeiten. Zahlreichen Nonnenklöstern, darunter den schleswig-holsteinischen, blieb deshalb nur der pragmatische Weg, den Regeln zu folgen und sich seelsorgerisch von einem benachbarten Mönchskloster betreuen zu lassen.

Als die Benediktiner nach Schleswig-Holstein kamen, hatten sich die machtpolitischen Verhältnisse noch nicht so weit geklärt, daß Rückschläge nicht ausbleiben konnten. Erst als die an Konsolidierung der eigenen Territo-

Abb. 4 Benediktinerinnenkloster Rehna in Westmecklenburg, bei dem sich die bauliche Geschlossenheit mittelalterlicher Klöster bis heute erhalten hat

rialherrschaft, Hebung des Ansehens sowie Missionsarbeit und Landesausbau interessierten Territorialherren auch die Sicherheit gewährleisten konnten, erfolgte 1177 als erste Gründung eines Nonnenklosters der Benediktiner das St.-Johannis-Kloster in Lübeck (später Verlegung nach Cismar und stattdessen 1245 Gründung eines Zisterzienserinnenklosters). Als Zisterzienserklöster entstanden 1186 Reinfeld und 1192 Guldholm, in dessen Nachfolge 1220 das Rüdekloster am Standort des heutigen Schlosses Glücksburg. Um 1200 und bis zur Mitte des 13. Jahrhunderts folgten die Klöster der Benediktinerinnen: 1196 in Schleswig und 1211 in Preetz, sowie der Zisterzienserinnen: 1230 in Ivenfleth (1256 nach Itzehoe verlegt) und 1234 in Uetersen. Diese übernahmen die erwähnte organisatorische Aufgabenteilung zwischen Priörin und Probst von Anfang an.

Als diese Klöster in Schleswig-Holstein gegründet wurden, hatten die Benediktiner bereits den Höhepunkt ihrer Entwicklung überschritten. Auch die Beschlüsse der Zisterzienser, keine weiteren Nonnenklöstern zu gründen oder aufzunehmen, waren gefaßt. Den drei Zisterzienserinnenkonventen in Reinbek, Uetersen und Itzehoe ist es deshalb nie gelungen, dem Gesamtorden inkorporiert zu werden, obwohl sie dessen Regeln angenommen hatten. Die Aufsicht oblag deshalb dem Erzbischof von Hamburg/Bremen bzw. dem Hamburger Domkapitel und dem Abt der naheliegenden Zisterzienserklöster Cismar bzw. Reinfeld.

Gleichzeitig oder nur wenig später etablierten sich in Schleswig-Holsteins Städten auch die Bettelorden (Franziskaner und Dominikaner): zuerst 1225 in Lübeck, in der Mitte des 13. Jahrhunderts auch in Kiel, Flensburg und Schleswig. Sie wandten sich der sich emanzipierenden bürgerlichen Gesellschaft und deren Problemen zu und beschränkten damit mittelbar die Wirkung der Benediktiner und Zisterzienser auf ihren agrarisch-feudalen Kontext. Während die Bettelorden, insbesondere die Franziskaner, sich der Not der Minderbemittelten in den Städten widmeten, verharrten die Feldklöster in ihren durch Gutsbetrieb und Kontemplation geprägten Gewohnheiten, ohne die Herausforderungen der sich abzeichnenden frühbürgerlichen Revolution anzunehmen. Die Frauenklöster übernahmen zusehends die Funktion von Versorgungseinrichtungen unverheirateter Töchter der adeligen Familien und entfernten sich damit von ihrem genuin geistlichen Auftrag. Spätere Reformbemühungen wie die der Bursfelder Kongregation, waren deshalb auch darauf gerichtet, nicht nur zur stärkeren Beachtung der überkommenen Regeln der heiligen Ordensgründer zurückzukehren, sondern zugleich neue Aufgaben zu definieren. Die Schaffung eines großen Hospitals in Preetz durch die Priörin Anna von Buchwald hätte dazu beitragen können, kam aber zu spät, da sich dieser Aufgabe längst andere Ordensgemeinschaften, geistliche Laienvereinigungen und die Kommunen angenommen hatten.

1.2. Bedeutung und Funktion von Nonnenklöstern im Mittelalter

Kirche und die Klöster hatten neben ihrer religiösen auch politische, wirtschaftliche und kulturelle Bedeutung. Von Anfang an übernahmen die Klöster geistliche und weltliche Aufgaben und standen in einem feinmaschigen Beziehungsnetz zu den führenden politischen und sozialen Gruppen des Landes, was ihre Existenz ermöglichte und sicherte, auf die sie aber auch zurückwirkten. Gegenüber der Bedeutung der Mönchsklöster oder Chorherrenstifte trat die der Nonnenklöster jedoch deutlich zurück: Das Fürgebet eines als Priester geweihten Mönchs galt mehr als das einer einfachen Nonne; der Einfluß der lehrenden Mönche auf die männlichen Nachkommen der Herrschenden muß höher bewertet werden, bereiteten diese doch die Jungen auf ihre zukünftigen Aufgaben im Land oder in der Kirche vor und berieten diese auch noch später. Die tatsächliche Rolle der Nonnenklöster ist deshalb nur im Verbund mit anderen kirchlichen Institutionen und der gesellschaft-

Abb. 5 Graf Adolf IV. (um 1205–1261), zielstrebiger Förderer des Klosterwesens (und der eigenen Macht), selbst später in das Barfüßerkloster in Hamburg eingetreten und 1261 im Franziskanerkloster in Kiel verstorben, Gemälde auf Holz, um 1450

lich gewollten Aufgabenteilung und dem Rollenverständnis der Geschlechter zu erfassen.

Klöster als geistliche Zentren: Die Frauenklöster waren geistlich stets abhängig von externen Priestern, konnten also nicht so auf das Umland einwirken wie die Mönchsklöster, die auch priesterliche Funktionen für benachbarte Pfarreien oder ordenseigene Dörfer erfüllten. Die Kirchen standen jedoch auch Laien offen, die separiert von den Nonnen an den Messen teilnehmen durften.

Unterstützung der feudalen Territorialpolitik: Die Nonnenklöster wurden immer erst dann gegründet, wenn die politischen Verhältnisse sich soweit gefestigt hatten, daß diesen nur noch wenig Gefahr drohte. Einmal gegründet, trugen sie jedoch wesentlich zur Stabiliserung der Macht bei und förderten die Kolonisierung des eroberten Gebiets. In der Grafschaft Holstein war es vor allem Graf Adolf IV. von Schauenburg (Abb. 5), dessen Name mit der Gründung von drei hier behandelten Nonnenklöstern verbunden ist. Er stiftete das später nach Itzehoe verlegte Zisterzienserkloster Ivenfleth, das bereits bestehende Kloster Preetz schloß er und gründete es neu. Er suchte Einfluß auf das Klosters Uetersen zu erlangen, dessen Gründer Heinrich II. von Barmstede mit seinen Söhnen zu den Rivalen des holsteinischen Grafen zählte. Adolf IV. war auch an der Verlegung des Benediktinerklosters Lübeck nach Cismar und des Chorherrenstiftes von Neumünster nach Bordesholm beteiligt und rief die Franziskaner nach Kiel, in deren Kloster er selbst später als Mönch lebte und starb, während seine Gattin Heilwig ins Zisterzienserinnenkloster Harvestehude, dessen von ihrem Ehemann 1245/46 vollzogene Gründung sie angeregt hatte, eintrat. Im Herzogtum Schleswig förderte das dänische Herrscherhaus die Gründung von Klöstern, die später auch durch den Landadel unterstützt wurden.

Die wirtschaftlichen, kulturellen und sozialen Aktivitäten der Klöster haben sehr wesentlich zur Stabilisierung der politischen Verhältnisse beigetragen, auch wenn sie gelegentlich in Konkurrenz zu den Interessen des Adels, den eigenen Herrschaftsbereich territorial abzurunden, gerieten. Die Mönche und Nonnen erflehten in ihren Gebeten die göttliche Gnade und Barmherzigkeit und sangen das Lob Gottes und des Herrschers, Stifters oder Wohltäters des Klosters und seiner Familie und bezogen diese über deren Tod hinaus in die Gebetsgemeinschaft ein, bestätigt durch Eintrag in die Verbrüderungs- oder Totenbücher. Dadurch leisteten sie einen wesentlichen Beitrag dazu, die politische Stellung des Adels und dessen Führungsanspruch geistlich zu sanktionieren. In die Tagespolitik waren die Pröbste bzw. der Verbitter von Itzehoe einbezogen, die zusammen mit den Bischöfen und deren Domkapitel die Gruppe der Prälaten im schleswig-holsteinischen Landtag bildeten.

Klöster als Wirtschaftsbetriebe: Waren die Klöster einmal gegründet, entwickelten sie sich rasch zu florierenden Wirtschaftsbetrieben, deren Grundlage zunächst die durch Schenkung der Gründer erlangte Grundherrschaft bildete. Die Klöster suchten diesen Besitz durch Schenkungen oder Erwerb kontinuierlich zu vergrößern und abzurunden: Das Kloster Itzehoe konnte allerdings seinen immensen Streubesitz in 67 Dörfern nie wirklich zu einem einheitlichen Territorium abrunden, während es dem Kloster Preetz durch geschicktes und geduldiges Taktieren gelang, seinen Besitz auf etwa 22.000 ha (im Kern die heutige Probstei) auszudehnen.

Die Nonnenklöster bewirtschafteten die Ländereien nur zum Teil selbst in eigenen Gutshöfen wie die Mönchsklöster, sondern verpachteten diese an Adelige, die ihnen nicht selten diese gerade verkauft oder gestiftet hatten. Die wirtschaftliche und politische Vertretung des Klosters oblag einem Klosterprobst bzw. Verbitter, der wiederum einer der mächtigen Familien des Uradels entstammte. Zu den Klöstern gehörten stets Mühlen und andere verarbeitende Werkstätten (Abb. 6), ausgedehnte Wälder und Fischteiche. Alle Mitglieder einer Grundherrschaft galten als „familia“, über die der Probst in Vertretung der Priörin Schutzherrschaft und Rechtsgewalt – mit Ausnahme der dem Landesherrn vorbehaltenen Blutgerichtsbarkeit (Verhängung der Todesstrafe) – ausübte. Die Probstei bildete in ihrem adeligen Umland einen von Leibeigenschaft freien Bezirk, in dem die Bauern zu einem gewissen Wohlstand gelangten: „Unterm Krummstab ist gut leben“. Ansonsten ver-

Abb. 6 Kloster Doberan, wo im Gegensatz zu den schleswig-holsteinischen Klöstern noch mehrere imposante Wirtschaftsgebäude erhalten sind; Eingang zum Klosterbezirk, dahinter das Brauhaus und der Dachreiter des sogenannten Münsters

hielten sich die Klöster wie andere Grundherren, verfügten sogar mit der Drohung, säumige Abgabepflichtige zu exkommunizieren, über eine überaus scharfe Waffe zur Durchsetzung ihrer Rechte, hätte dieses doch die soziale Ächtung des Betroffenen bedeutet.

Klöster als Kultur- und Bildungsstätten: Im Vergleich mit den hervorragenden epochalen Leistungen der großen Klöster Cluny, St. Gallen oder der sächsischen Königsklöster im Harzvorland haben die schleswig-holsteinischen Nonnenklöster keine überregionale Ausstrahlung entfaltet. Sicher wurden auch hier Bücher abgeschrieben, gregorianischer Gesang geübt und handwerkliche Arbeit geleistet. Davon ist jedoch nur wenig überliefert, was dem Vergleich mit anderen Kunstlandschaften standhalten könnte.

Ob und in welchem Maße die Nonnenklöster als Auftraggeber heimischer oder auswärtiger Handwerker oder Künstler auftraten, ist im einzelnen nicht mehr nachvollziehbar: Die einzige in Schleswig-Holstein erhaltene Pergamenthandschrift, der Preetzer Evangeliar von 1240–1250, stammt nicht aus Preetz, sondern vermutlich aus Niedersachsen. Auch die wenigen erhaltenen liturgischen Objekte aus Itzehoe, Preetz und Uetersen stammen aus Lübecker und Hamburger Werkstätten, die im Mittelalter für ganz Norddeutschland große Bedeutung besaßen. Von der Ausstattung der Kirchen und Klosterbauten hat sich in situ nur weniges wie das Chorgestühl in der Preetzer Kirche erhalten (Abb. 3). Anderes ist in die schleswig-holsteinischen Museen oder ins Nationalmuseum in Kopenhagen gelangt.

Für die Bildung der Eliten im Lande hatten die Klosterschulen der Benediktinerinnen erhebliche Bedeutung, waren sie doch neben den Schulen in den Mönchsklöstern und Chorherrenstiften sowie den Domschulen die einzigen, die den Kindern der adeligen Familien eine über das Mindestmaß hinausgehende Bildung vermittelten. Der Wirkungskreis der Nonnenklöster war gegenüber den Mönchsklöstern und Chorherrenstiften jedoch deutlich beschränkt, konnten die Nonnen doch den ihnen anvertrauten Töchtern adeliger Familien und reicher Patrizier neben einem gewissen Grundwissen wie Rechnen, Lesen, Schreiben nur noch Latein, Religion und Musik vermitteln. Höhere Bildung blieb den Mädchen verwehrt. Geht man jedoch davon aus, daß die meisten Mädchen nach ihrer Schulzeit in ihre Familien zurückkehrten und das erworbene Wissen und Können nach ihrer Heirat an die eigenen Kinder weitergaben, sind die Klöster als Multiplikatoren einer weitreichenden abendländischen Bildung an Bedeutung kaum zu unterschätzen.

Die Zisterzienser haben sich im allgemeinen nicht dem Unterricht gewidmet, wäre dieses doch mit dem zisterziensischen Streben nach Weltabgeschiedenheit nicht in Übereinstimmung zu bringen gewesen. Die Nonnenklöster, nahe den Städten und nicht in der Einöde gegründet wie die Mönchsklöster, nahmen dagegen auch Schülerinnen auf. Wann das Kloster Itzehoe den Schulbetrieb aufnahm, ist nicht bekannt. Erste Hinweise darauf gibt es aus dem Jahr 1436. Für das Jahr 1531 ist verbürgt, daß elf Kinder unterrichtet wurden: erstaunlicherweise auch einige Knaben.

Caritative Aufgaben: Krankenpflege und Armenfürsorge gehören zu den konstitutiven Aufgaben von benediktinischen Klöstern. Angesichts des geringen medizinischen Kenntnisse kam den Hospitälern jedoch eher die Aufgabe des geistlichen Beistands für die Sterbenden zu als die einer tatsächlichen Heilung. Alle großen Klöster verfügten über ein mehrstufiges System der Krankenpflege. In den schleswig-holsteinischen Klöstern hat die Krankenpflege dagegen augenscheinlich nur eine geringe Bedeutung besessen, denn größere Hospitäler sind mit Ausnahme des Dominikanerklosters und des St.-Annen-Klosters in Lübeck nicht bekannt. Das könnte daran liegen, daß die Klöster vergleichsweise spät gegründet wurden, als sich bereits andere Institutionen der Krankenpflege angenommen hatten.

1.3. Klöster als Versorgungseinrichtungen

Die Stiftung und Förderung von Klöstern durch den Landesherrn und adelige Familien folgte stets mehreren Zielen zugleich: Konsolidierung der eigenen Macht, Landesausbau, Missionierung und Pflege des christlichen Glaubens diente, aber auch dazu, sich des ewigen Seelenheils durch heilbringende Gebete zu vergewissern. Mit der Übertragung von Grundbesitz auf ein Kloster und von Leitungsfunktionen auf Mitglieder der eigenen Familie blieb der Familienbesitz de facto in einer Hand. Mit der Schaffung einer Schule erreichte man, daß die eigenen Nachkommen das notwendige Wissen nicht nur in religiösen Dingen, sondern auch in praktischen Fragen erwerben konnten.

Die Klöster stellten zugleich Einrichtungen dar, in die für den Kriegsdienst nicht geeignete Söhne als Mönche mit der Aussicht, in den Rang eines Abts aufsteigen zu können, abgeschoben werden konnten, so daß sie in der Erbfolge keine Rolle mehr spielten, aber trotzdem der eigenen Familie verbunden blieben. Andere wurden mit dem geistlichen Amt eines Klosterprobstes abgefunden. Gleiches galt auch für Witwen, deren Ansprüche die Erhaltung der Grundherrschaft hätten beeinträchtigen können. Für junge Frauen, die sich nicht mit den für sie ausgewählten Männern verheiraten lassen oder ein eher selbstbestimmtes Leben führen wollten, gab es in der mittelalterlichen, ausschließlich durch Männer dominierten Welt praktisch keine Alternative als den Weg ins Kloster. Andere hatten tatsächliche oder vermeintliche Verfehlungen zu verbüßen oder wollten sich einfach der alltäglichen Gewalt und Bevormundung ihrer männlichen Verwandtschaft entziehen. Sicher gab es auch Frauen, die aus religiösen Gründen in ein Kloster eintraten; es scheint aber, daß diese zunehmend zur Minderheit in den Frauenklöstern wurden, die sich immer mehr zu Versorgungseinrichtungen des Adels und der reichen Patrizier entwickelten. In den Nonnenklöstern fanden sich deshalb häufig mehrere Schwestern der gleichen oder einer beschränkten Zahl von Familien als Klosterfrauen wieder zusammen, so die Buchwalds, Rantzaus, Qualens, Ahlefeldts, Pogwischs oder Brockdorffs. Die Verflechtung von Adel und Kloster wird zusätzlich bestätigt durch die Namensliste der Pröbste oder Verbitter, die alle den gleichen Familien entstammten. Der wirtschaftliche Zusammenhang von Adel und Klöstern wurde auch dadurch immer enger, daß den Frauen bei Eintritt ins Kloster eine nicht geringe Mitgift mitgegeben und für den laufenden Unterhalt feste Renten zugewiesen wurden, die nach dem Tode der jeweiligen Nonne dem Kloster zufielen. Bürgerlichen Frauen war der Zugang zu den adeligen Klöstern nur ausnahmsweise und nur nach Zahlung einer beträchtlichen Summe gestattet.

Die standes- und selbstbewußten Frauen brachten eigenes Personal ins Kloster und entzogen sich dem Gemeinschaftsleben auf verschiedenste Weise. Unter solchen Umständen war ein geregeltes klösterliches Leben nach den Ordensregeln der Benediktiner, noch weniger der Zisterzienser, nur schwer zu entwickeln. Alle Versuche, auch die der Anna von Buchwald, haben nicht vermocht, die Entwicklung der Klöster zu Kanonissenstiften aufzuhalten: eine Entwicklung die von Zisterziensern bereits früh befürchtet worden war.

1.4. Alltag der Frauen im Kloster

Den Alltag in einem Zisterzienserinnenkloster hat Silke Urbanski am Beispiel von Harvestehude beschrieben. Es kann angenommen werden, daß sich das Leben in den schleswig-holsteinischen Nonnenklöstern nicht wesentlich davon unterschied. Auch kann in Analogieschluß zu den Beschreibungen anderer Klöster davon ausgegangen werden, daß sich das Leben in den Klöstern der Benediktinerinnen nur wenig von dem der Zisterzienserinnen unterschied. Die Regeln beider Orden waren sehr ähnlich, wenn auch im Vollzug unterschiedlich streng.

Die Weltabgeschiedenheit und damit Abgeschlossenheit ist den Benediktiner- und Zisterzienserklöstern eigen und war durch die Ordensregeln festgeschrieben. Dieses bedeutete das Verbot für Ordensmitglieder, den Klausurbereich zu verlassen, für Außenstehende, den Klausurbereich zu betreten. Für begründete Anlässe gab es Ausnahmeregelungen. Die Verpflichtung zum Aufenthalt im Kloster ist in zahlreichen Klöstern nicht immer mit gleicher Strenge beachtet worden. Im 14. und 15. Jahrhundert kam es deshalb immer wieder zu Beschwerden über den Verfall der Sitten und den laxen Umgang mit den Vorschriften und infolgedessen zu deren Verschärfung. Das gilt im besonderem Maße für die Nonnenklöster, die zeitweise wie Stifte mit relativ freiem Ausgang der Nonnen wirkten. Allmählich setzte sich die Verschärfung der Regeln durch, die den Frauen nur noch den Aufenthalt in ihrer Klausur gestattete. Schon die Kirchenväter hatten sich sehr ausführlich mit der Jungfräulichkeit von Nonnen beschäftigt und hielten es für notwendig, diese zu wahren. „Zu den unerschütterlichsten Vorurteilen des Mittelalters gehörte die Ansicht, daß Frauen nicht in der Lage seien, sich um ihre Angelegenheiten selbst zu kümmern und vor den Gefahren und Versuchungen der Welt beschützt werden müßten – sonst würden sie sehr rasch selbst Teil dieser Gefahren und Versuchungen werden“ (Brooks, S. 202). In der zweiten Hälfte des 15. Jahrhunderts setzte schließlich die Bursfelder Kongregation für ihre Mitgliedsklöster, darunter Preetz und Schleswig, die uneinschränkte Klausur für Nonnen durch und verbot jeden Kontakt nach außen (Abb.4).

Die Nonnenklöster führten dennoch ein Dasein, in dem sich Geistliches und Weltliches verschliffen. Nach den Augustinusregeln war den Frauen eine Reihe von Erleichterungen zugestanden: Zuteilung des Lebensunterhaltes wie Speisen und Kleidung nach persönlichem Bedarf, Ausklammerung der schweren physischen Arbeit, Wahlmöglichkeit, ob auf persönliches Eigentum verzichtet werden sollte oder nicht, Erleichterungen beim Gottesdienst und Chorgebet. Die für Mönche geltenden Forderungen nach strenger Askese waren wohl auch nicht durchsetzbar, denkt man an die vielen Frauen und Mädchen, die sich aus völlig anderen als religiösen Motiven im Kloster aufhielten. Auch waren stets Männer in der Nähe: Priester für die Gottesdienste und die Beichte, der Probst (stets auch ein Geistlicher) und seine Helfer, Knechte für die gröberen Arbeiten und Durchreisende, was eine völlige Abschirmung der Nonnen von der Umwelt unmöglich machte.

Die Größe der Konvente war sehr unterschiedlich. Der Schleswiger kam nie über die Zahl von zwölf Nonnen hinaus; ob es in Uetersen mehr waren, ist ungewiß, das Chorgestühl wies vierzig Sitze auf. In Itzehoe lebten 40–50 Nonnen, in Preetz, dem größtem Kloster, sogar 60–70.

Der Tagesablauf war bestimmt durch den Wechsel von Gebet, geistlicher Lesung, Arbeit und Ruhe. Die Tagesordnung variierte jahreszeitlich und im Wechsel der liturgischen Bedeutung des jeweiligen Tages. An Festtagen nahm der Gottesdienst mehr Raum ein als an Werktagen. Überschläglich waren für den Gottesdienst etwa sechs bis sieben Stunden, die Lektüre zwei bis fünf, die Arbeit etwa sieben und das Schlafen sechs bis sieben Stunden üblich.

Kern des geistlichen Lebens war das Stundengebet, zu dem sich die Nonnen siebenmal von kurz nach Mitternacht bis zum Abend im Chor versammelten, um Psalter und Hymnen zu singen, aus der Bibel, den Büchern der Kirchenväter und Heiligen zu lesen sowie Gebete zu sprechen. Diese täglichen Gebete wurden ergänzt durch weitere Gebetsverpflichtungen in Erfüllung des kirchlichen Totenoffiziums sowie für verstorbene Konventsangehörige, Verwandte und Wohltäter. Dazu kamen Messen für vermögende Stifter, zumeist Verwandte der Nonnen, und Prozessionen. Zur privaten Lektüre und Andacht standen in der Klosterbibliothek Bibeln, Gebets- und Stundenbücher, mystische Schriften und asketische Traktate bereit, später auch in den Zellen.

Ein wichtiges Ereignis für den Konvent war die tägliche Versammlung im Kapitelsaal zur Beratung und Entscheidung aller den Konvent betreffenden Angelegenheiten. Der Begriff Kapitelsaal leitet sich aus der Gewohnheit ab, die Zusammenkünfte mit einem Gebet und der Lesung eines Kapitels aus einer der heiligen Schriften zu beginnen. Danach hatte jede Nonne vorzutreten und ihre Verfehlungen gegen Regel und Satzung des Konvents zu bekennen. Je nach Schwere des Vergehens wurde sie durch die Priörin bestraft: von zusätzlichen Fastentagen bis zu körperlicher Züchtigung, in schwersten Fällen mit Exkommunizierung und Ausstoß. Danach wurden die wirtschaftlichen Angelegenheiten wie Landkauf oder -verkauf und Geldangelegenheiten beraten und die tägliche Arbeit verteilt.

Im benediktinischen Denken kam der Arbeit eine große Bedeutung zu und war als Ausgleich zum Gebet und Mittel zur religiösen Vervollkommnung gedacht. Zugleich sollte mit der steten Beschäftigung dem Müßiggang als schlimmsten „Feind der Seele" entgegengewirkt werden. Durch die strengen Klausurbestimmungen war die Arbeit der Nonnen auf Tätigkeiten innerhalb des engeren Klosterbereichs beschränkt. Ökonomische Bedeutung hatte diese aber nicht wirklich, denn die Klöster verfügten über ausreichende Einkünfte aus ihrem Grundbesitz. Tätigkeitsfelder der Nonnen waren insbesondere die Erfüllung von Klosterämtern, Hausarbeit, die Unterrichtung von Laienmädchen und handwerkliche Arbeiten wie Sticken und Nähen (Abb. 7). Geringe Bedeutung dürfte im Gegensatz zu den größeren Klöstern in Süddeutschland mit großen eigenen Scriptorien und Bibliotheken das Abschreiben von Büchern gehabt haben.

Die Klosterämter bestimmten die Hierarchie im Kloster: an der Spitze die Priörin (in Itzehoe die Äbtissin, ihr folgend die Priörin), zuständig für geistliche und wirtschaftliche Angelegenheiten, bei letzteren in Verbindung mit dem Probst (in Itzehoe dem Verbitter) als Vertreter des Klosters nach außen. Die Kantorin war zuständig für das Chorgebet und den Kirchengesang, die Bibliothek und das Klosterarchiv, die Kustodin für die Sakristei und die Kirche, die Novizenmeisterin für die Unterweisung der Novizinnen. Eine herausragende Rolle spielte auch die Kellerin, die den gesamten Klosterhaushalt führte und Küche und Keller kontrollierte. Sofern ein Siechenhaus vorhanden, führte dort die mit Krankenpflege und Kräuterkunde vertraute Siechenmeisterin die Krankenstube. An der Klosterpforte überwachte die Pförtnerin von außen kommende Lieferungen und Besuche und verteilte Almosen an Kranke und Bedürftige. Im Laufe der Zeit vermehrten sich die Ämter so weit, daß fast alle Nonnen jeweils ein eigenes Amt ausfüllten.

Große Bedeutung für den klösterlichen Alltag hatte auch die Unterrichtung von Töchtern des Adels oder des städtischen Patriziats innerhalb der Klausur, kam damit doch auch Unruhe und Bewegung in das Kloster. Der durch die Schwester Scholastica geleitete Schulbetrieb diente trotz der nicht geringen Bezahlung nicht vordergründig ökonomischen Zwecken, sondern vor allem der Heranziehung des eigenen Nachwuchses, in der Hoffung, die Mädchen zum Eintritt ins Kloster bewegen zu können, und zur Vertiefung des religiösen und sittlichen Lebens. Der Unterricht umfaßte in der Regel nur grundlegende Fächer wie Lesen, Schreiben, Rechnen, Religion, Latein und Singen. Das Buch im Chore der Anna von Buchwald enthält sowohl lateinische als auch niederdeutsche Texte, woraus zu schließen ist, daß nicht alle Frauen im Kloster die Fähigkeit erworben haben dürften, auch einfache lateinische Texte zu verstehen. Die Vernachlässigung der Lateinkenntnisse führte natürlich auch zur Beeinträchtigung des Gottesdienstes, des Chorgebets und der liturgischen Gesänge. „Der Chorgesang [...] grenzte wohl in manchen Konventen an Katzenmusik" (Gleba 2004, S. 216).

Die übrigen Nonnen hatten diverse praktische Aufgaben innerhalb des Klosters zu erfüllen. Dazu gehörten Hausarbeiten wie Raum- und Wäschepflege, Kochen und Backen, Hilfe im Refektorium und in der Krankenstube. Zu den bevorzugten Tätigkeiten der Nonnen gehörten weiterhin das Herstellen von Gebäck und Likören sowie Handarbeiten wie das Herstellen und Besticken von Gebrauchstextilien, liturgischen Gewändern und Paramenten. Körperlich schwere Arbeiten übernahmen die Laienschwestern, die zugunsten größerer Arbeitsleistung reduzierte Gebetsverpflichtungen zu erfüllen hatten. Im späten Mittelalter ging die Zahl der Laienschwestern zurück; sie wurden durch von den Nonnen mitgebrachte Mägde ersetzt, die ebenfalls in der Klausur lebten.

Das Zusammenleben der Nonnen, Laienschwestern, Mägde und Schülerinnen kann angesichts der räumlichen Beengtheit der Klöster nicht konfliktfrei gewesen sein. Daß die Klosterregeln ein abgestuftes System von Strafen von Bußübungen bis zur Exkommunikation enthalten, ist als Hinweis auf die Notwendigkeit zu verstehen, unterschiedlichste Vergehen zu ahnden, die den Zusammenhalt des Konvents hätten gefährden können. In einer auch räumlich so beengten Gemeinschaft von Frauen unterschiedlichsten Alters und Status, von denen nur wenige freiwillig den Weg ins Kloster gesucht hatten, gab es keine Privatsphäre. Die Nonnen waren zum quasi öffentlichen Selbstbekenntnis ihrer vermeintlichen oder tatsächlichen Verfehlungen verpflichtet. Es muß deshalb zu zahlreichen Unstimmigkeiten und Streitereien untereinander, aber auch zu persönlichen Notlagen gekommen sein, die verständlich machen, daß sich nicht wenige Nonnenkonvente während der Reformation in der ersten Hälfte des 16. Jahrhunderts, so auch das Kloster in Reinbek, selbst auflösten und die Nonnen in ihre Familien zurückkehrten.

Der bauliche Zustand der Gebäude war in der Regel so, daß ein bequemes Leben nur bedingt möglich war. Anfangs lebten die Nonnen in gemeinsamen Schlafsälen, erst im 15. Jahrhundert setzte sich die Aufteilung in Einzel- und Doppelzellen und die sich dadurch ergebende Möglichkeit sich zurückzuziehen durch. Laienschwestern und Schülerinnen waren völlig unzureichend unter dem nicht gegen Kälte oder Wärme isolierten Dach unterbracht. Die Mehrzahl der Räume konnte nicht geheizt werden, die Fenster waren nicht zu öffnen. Man half sich mit Wärmepfannen, in die glühende Kohle einfüllt war. Jüngere Nonnen waren wie in Preetz in unbelichteten Zellen unter der Treppe untergebracht.

Die hygienischen Verhältnisse waren aus heutiger Sicht völlig primitiv. Der heilige Benedikt billigte den Mönchen nur das gelegentliche Vollbad zu, die Zisterzienser achteten dagegen sehr auf Reinlichkeit. Wenn Anna von Buchwald über die Zuführung von Schwentinewasser zum Kloster, die Einrichtung von Heizung und Badeanlagen oder die Schaffung eines besonnten Wäschetrockenplatzes berichtet, bedeutet das, daß es die schwer erträgliche Situation als verbesserungsbedürftig galt.

Einen gewissen Ausgleich für die wenig komfortable Unterbringung könnten die Nonnen zumindest durch einen recht üppigen Speiseplan gehabt haben. Für Preetz weisen die Klosterrechnungen den Verzehr von unterschiedlichsten Fischarten (darunter auch getrockneter Stör aus Rußland), Schafen und Schweinen, Geflügel, Rindfleich, Honig, Weißbrot und verschiedenem Gemüse aus. Auf Einkaufsreisen der Priörin und des Probstes wurden Rosinen, Datteln, Feigen und Gewürze wie Safran und Ingwer sowie Süßigkeiten nach Preetz geholt. Die großen Mengen von Mandeln dienten der Herstellung von Marzipan und Mandelmilch. In der Fastenzeit erhielten die Nonnen jeweils ein Pfund Rosinen zum Verzehr. Rosinen wurden während der Weihnachtszeit auch gepfefferten Weißwürsten beigefügt. Auch sollen die Nonnen Rheinwein getrunken haben. Der nachweislich große Verbrauch von Bier aus Hamburg, Plön und Einbeck wird dagegen den zahlreichen durchreisenden, zumeist männlichen Gästen zugeschrieben.

Abb. 7 Wandbehang aus dem Kloster Preetz, angefertigt von der Nonne M. Schinkel, die unterhalb biblischer Szenen auch das Wappen ihrer väterlichen und ihrer mütterlichen Familie gestickt hat: Schinkel (links) und Rathlow (rechts). 14. Jahrhundert

1.5. Eine herausragende Persönlichkeit: Anna von Buchwald, Priörin in Preetz 1484–1508

Aus der großen Zahl der Preetzer Nonnen ragt eine Persönlichkeit heraus, die das Kloster am Ende des 15. Jahrhunderts dem neuen Geist der Bursfelder Reformkongregation öffnete. Als Individuum wird Anna von Buchwald allerdings nicht faßbar, denn es gibt kein zeitgenössisches Bild von ihr, das eine Vorstellung von der Person erlauben würde. Sie hat aber schriftliche Aufzeichnungen hinterlassen, die nicht nur die Verhältnisse im Kloster anschaulich machen, sondern auch Rückschlüsse auf wichtige Wesensmerkmale der Person zulassen.

Bereits als einfache Nonne hatte Anna von Buchwald 1471 begonnen, die bei den sieben alltäglichen Andachten und an Sonn- und Feiertagen verwendeten, nur mündlich überlieferten Texte zu sammeln und in einem Buch niederzuschreiben. Das dabei entstandene Buch wird, weil es im Chor aufbewahrt wurde, „Buch im Chore" genannt (Abb. 8). Das Buch ist Liturgie, Klosteragende und Wirtschaftsbuch zugleich. Die Texte sind teils in Latein, teils in Niederdeutsch verfaßt.

Der überwiegend in Latein verfaßte erste Teil enthält eine Sammlung liturgischer Texte, der zweite Teil ein Kalendarium mit der Zuordnung von Gesängen, Gebeten und Lesungen. Beide folgen dem Ziel einer Liturgiereform, durch Vereinfachung die Verinnerlichung des Glaubens zu fördern. Für den Gesangsunterricht entwickelte Anna von Buchwald eigene pädagogische Methoden. Das stupide Auswendiglernen lehnte sie entschieden ab, da der Gesang nur dann, wenn er aus der Tiefe des Herzens komme, bejaht werden könne. Ohne das Schriftbild der gotischen Fraktur zu stören, enthalten die Aufzeichnungen Leseerleichterungen in unterschiedlich farbiger Tinte: Zwischen schwarzen Schriftblöcken erscheinen beispielsweise rote Pünktchen als Anleitung, hier eine Atempause zu machen, schwer lesbare oder verständliche Ausdrücke in Latein werden in Niederdeutsch ergänzt.

Besondere Beachtung gebührt dem dritten Teil, der einen Blick in die ökonomischen Verhältnisse des Klosters gewährt und die ungewöhnliche Tatkraft der Priörin erkennen läßt. Dabei spielt zunächst die Eigentumsfrage eine zentrale Rolle, die das gesamte Klosterwesen von Anbeginn begleitete und zu immer neuen Reformbemühungen Anlaß bot. In einem Nonnenkloster, das auf Stiftungen der adeligen Familien gründete und in dem die unverheirateten Töchter und Witwen mehr oder weniger freiwillig lebten und zumeist über privates Eigentum und Einkommen verfügten und dieses privat, nicht an das Kloster vererbten, schien es unmöglich zu sein, alles in das klösterliche Eigentum einzubringen, wie es die benediktischen Regeln, durch die Bursfelder Kongregation bekräftigt, vorschrieben. Anna von Buchwald legi-

Abb. 8 Das „Buch im Chore" der Anna von Buchwald; das im Preetzer Klosterarchiv aufbewahrte und kürzlich aufwendig restaurierte Exemplar

timierte dagegen den Privatbesitz, gehe es doch mehr um die innere Freiheit von Eigentum als den bloßen Besitz. Die Doppelbödigkeit der Argumentation, das Regelwidrige auch theologisch zu sanktionieren, um den Regeln nicht als starrem Gesetz, sondern als geistlicher Führung zu folgen, zeigt den pragmatischen Sinn der Priörin, sich mit Gegebenheiten abzufinden, die sie nicht verhindern konnte, ohne die ökonomischen Grundlagen des Klosters und damit dessen Existenz in Frage zu stellen.

Im weiteren beschreibt Anna von Buchwald ihre Bemühungen um die wirtschaftliche Sanierung und bauliche Erneuerung des hochverschuldeten Klosters. In eine äußerst schwere Krise war das Kloster durch die Mißwirtschaft der vorherigen Pröbste geraten, was neben Interna des Konvents mehrmals Gegenstand kritischer Anmerkungen der Aufsicht führenden Instanzen, insbesondere des Lübecker Bischofs, gewesen war. Nach einer Visitation 1491 wurde das Kloster ermahnt, unnütze Ausgaben zu vermeiden und im Sinne der Bursfelder Kongregation zur ursprünglichen Regel zurückzukehren.

Der pragmatische Sinn Annas von Buchwalds bewährte sich, als sie 1491 und später noch einmal 1494–1498 die alleinige Leitung des Klosters, also neben dem Amt der Priörin auch das des Probstes, übernahm. In ihrer kurzen Amtszeit gelang es ihr, trotz kostspieliger Baumaßnahmen das Kloster nahezu schuldenfrei zu machen und die Erneuerung einzuleiten. Sie ließ die Gewölbe im Nordschiff der Kirche sichern, die Klausur erneuern und mit einer Heizung ausstatten. Es folgten die Zuleitung von Frischwasser aus der Schwentine für die Hauswirtschaft, die Aufschüttung eines besonnten Hofes zur Wäsche- und Kleiderreinigung sowie die Erstellung von fünf Vorratshäusern. 1495 wurde das Siechenhaus für 32 Personen errichtet. Damit konnte der Aufgabenbereich des Klosters um die Krankenpflege wesentlich erweitert werden, nachdem es bis dahin nur eine Krankenstube für zwei Personen gegeben hatte. Die Finanzierung erfolgte durch Einnahmen aus der Mast von Schweineherden in den klösterlichen Wäldern.

Besonderes Anliegen der Priörin war es, das Zusammenleben der Nonnen zu erleichtern. Hierzu trug die Schaffung von Einzelzellen bei. Nonnen, die das Zusammenleben gewohnt waren, wurden dagegen in Doppelzellen untergebracht. Die pädagogische Erprobung, ob zwei Nonnen zueinander paßten, erfolgte auf der Grundlage von Beobachtungen im Kräutergarten sowie von Eßgewohnheiten und Geschmacksrichtungen. Die Mißachtung der Regeln wurde mit Schweigegebot geahndet, Uneinsichtigkeit aus Trotz und Eigensinn auch durch härtere, schmerzhafte Bestrafung durch die Hand der Priörin.

Das Buch enthält zahlreiche Hinweise auf das eigene Leben der Nonne und Priörin und zeitweisen Pröbstin und sie bewegende Gedanken, allen Bedürftigen, die das Kloster aufsuchten, zu helfen: allein um der Liebe Gottes willen. Die leistungsstarke, rastlose Frau von modern anmutendem unternehmerischen Geschick muß an den Unzulänglichkeiten ihrer unmittelbaren Umgebung gelitten haben. Ihre Texte lassen die vielfältigen Sorgen um den Konvent und das Kloster sowie die aus Lieblosigkeit und Überheblichkeit ihrer Mitschwestern erwachsene Bitternis ihres Alltags ahnen.

Die Überlagerung und Durchdringung der drei Teile – Liturgie, Klosteragende und Wirtschaftsbuch – mit persönlichen Anmerkungen machen das Buch im Chore zu einem einzigartigen Dokument in der Umbruchszeit vom Mittelalter in die Neuzeit. Nach dem Rücktritt von der Leitung des Klosters und der Wahl einer neuen Priörin, Anna von Qualen (1508–1528), trat Anna von Buchwald als einfache Nonne in den Kreis ihrer Mitschwestern zurück.

1.6. Standort, Architektur und Kunst der Nonnenklöster

1.6.1. Lage der Klöster im Stadtgefüge

Benediktiner- und Zisterzienserklöster waren stets so angelegt, daß sie sich selbst versorgen konnten. Hierfür war eine ausgedehnte Landwirtschaft erforderlich, was die Gründung abseits der Siedlungen erforderlich machte. Um viele Benediktinerklöster entstanden Handwerkersiedlungen, die sich nach und nach zu größeren Ortschaften entwickelten. Die Zisterzienser suchten dagegen Einsamkeit und Ödnis, um von dort aus das Land zu kultivieren und zu gestalten. Die Klöster waren stets von einer hohen Mauer umgeben; im Notfall wehrten sich die Mönche gegen Eindringlinge auch mit eigenen Waffen.

Nonnenklöster suchten dagegen zumeist die Nähe bestehender Orte, um zum einen im Falle der Gefahr Hilfe herbeirufen zu können, zum anderen waren sie auf den geistlichen Beistand in der Nähe lebender Priester angewiesen. Eine Fehlgründung war offensichtlich das Kloster Ivenfleth: Die ungünstige Lage in der Elbmarsch gab Anlaß, das Kloster nach Itzehoe zu verlegen. Das neue Kloster in Itzehoe entstand in unmittelbarer Nachbarschaft der Kirche St. Laurentii am Stadtrand, die sowohl als Pfarr- als auch als Klosterkirche diente (Abb. 9). Erst später wurde das Kloster durch die weitere Siedlungsentwicklung von neuer Bebauung umschlossen. Auch den Benediktinerinnen in Schleswig wurde eine bestehende Kirche nahe dem Holm als Klosterkirche zugewiesen (Abb. 10). Das Preetzer Kloster entstand zunächst in Anlehnung an die Pfarrkirche im Ort und fand erst nach mehrmaliger Verlegung seinen endgültigen Standort: ebenfalls in geringer Entfernung vom Flecken Preetz. Allein das Kloster Uetersen entstand zunächst in relativer Einsamkeit, auf dem Platz einer älteren Burganlage auf dem Geestsporn zwischen Elbmarschen und Pinnauniederung und in strategisch bedeutsamer Lage an der Kreuzung wichtiger Wege. Das Kloster lehnte sich nicht wie die anderen an eine bestehende Siedlung an, sondern bildete die Keimzelle der späteren Entwicklung zum Flecken unter der bis ins 19. Jahrhundert andauernden Obrigkeit des Adeligen Damenstifts.

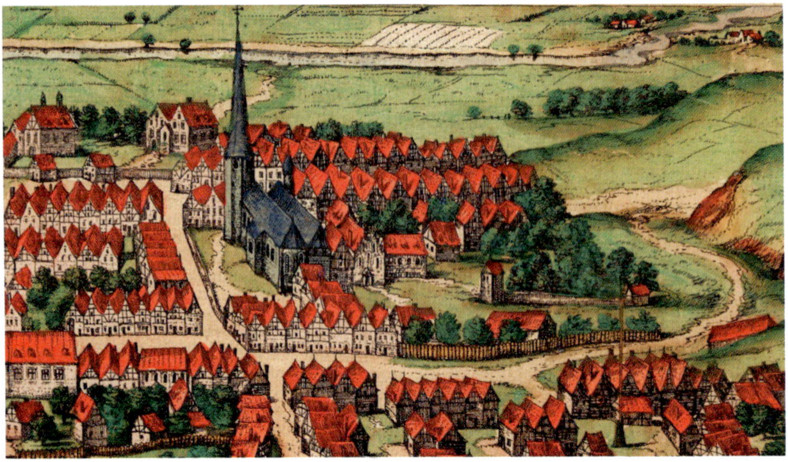

Abb. 9 Kloster Itzehoe: Ausschnitt aus der Stadtansicht von Braun/Hogenberg, 1584, einzige bildliche Darstellung der gotischen Kirche und des benachbarten Klosters; die Kirche vermutlich relativ genau dargestellt, alles andere schematisch

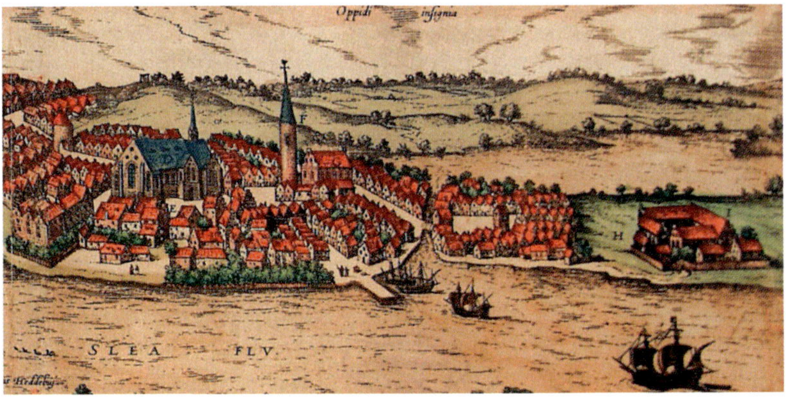

Abb. 10 Die Stadt Schleswig mit dem St.-Johannis-Kloster jenseits der Fischersiedlung Holm. Ausschnitt aus der Ansicht der Stadt Schleswig von Braun/Hogenberg, 1588 (siehe auch Vorsatz vorne)

1.6.2. Grundriß der Klöster

Als Prototyp des abendländischen Klosters gilt der sogenannte St. Galler Klosterplan: die älteste Architekturzeichnung Europas überhaupt (Abb. 11). Es war lange Zeit umstritten, ob es sich um einen Ideal- oder konkreten Bauplan handele. Nach Binding/Untermann soll es sich um die 817/18 in Aachen angefertigte Kopie eines auf der Grundlage der Beschlüsse der Aachener Synode vom 10. Juli 817 gezeichneten Musterplans handeln, die dem Mönch Tatto und dem späteren Abt von St. Gallen, Grimald, übergegeben worden sein soll. Die Zeichnung wurde später verändert und beschriftet. Maßeintragungen, Dimensionierung und Ergänzungen des Kirchengrundrisses sowie andere Details lassen vermuten, daß es sich dabei um praktische Handlungsanleitungen im Sinne eines konkreten Bauplans gehandelt habe, auch wenn davon letztlich nichts umgesetzt wurde.

Der Plan läßt die ideale Umsetzung der Regeln benediktischen Klosterlebens erkennen. Nichts scheint dem Zufall überlassen zu sein. Der Forderung an die Mönche entsprechend, sich nicht nur geistlichen Übungen und der Wissenschaft zu widmen, sondern sich auch selbst zu versorgen, wird die Klausur oder das Klosterquadrum von vier Hauptfunktionsbereichen umgeben: nördlich der Kirche der auch Klosterfremden zugängliche Bereich mit Abtshaus, Schule, mehreren Gebäuden für vornehme Gäste sowie dazu gehörigen Versorgungsgebäuden wie Küche und Badehäusern; im Osten, d. h. in der Achse der Kirche, ein Gebäudekomplex in Form eines Doppelklosters für Novizen und Kranke, benachbart im Norden das Haus des Arztes, ein Haus zum Aderlaß und ein Kräutergarten, im Süden Friedhof, Gemüsegarten und Ställe für Gänse und Hühner; südlich der Klausur der Werkbereich mit Werkstätten und Stallungen; westlich der Kirche Pilgerhospital und Armenhaus mit den dazugehörigen Versorgungseinrichtungen wie Küche, Bäckerei und Brauerei.

Mittelpunkt der gesamten Anlage ist die nach außen völlig abgeschlossene Klausur der Mönche. Im Norden befinden sich die Kirche, eine dreischiffige Basilika mit westlichem und östlichem Querhaus, im Westen freistehende Rundtürme, dazwischen eine Apsis mit Ringatrium, im Osten ein Vorjochchor und Apsis. Südlich an die Kirche angrenzend bildet die Klausur um einen Kreuzhof den Bereich der Mönche: im Erdgeschoß des an das Querhaus anstoßenden Ostflügels der geheizte Tagesraum und eine Wärmestube, darüber im Obergeschoss das Dormitorium (Schlafsaal), im Südflügel das Refektorium (Speisesaal), darüber der Kleiderraum, im Westflügel Wirtschaftsräume wie Bier- und Weinkeller sowie Vorratsräume. Erschlossen und verbunden werden diese Räume über einen den zentralen Kreuzhof vierseitig umgebenden wettergeschützten Kreuzgang, der auch dem Aufenthalt, der

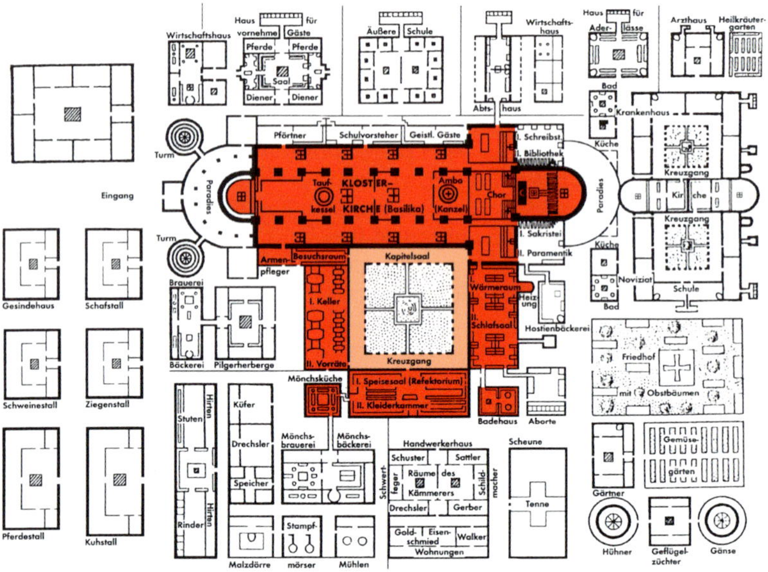

Abb. 11 Klosterplan von St. Gallen, hervorgehoben ist der Kern der Gesamtanlage mit der Klausur: Kirche, Mönchs- und Wirtschaftsflügel sowie Refektorium um einen Kreuzhof, dieser durch einen Kreuzgang allseitig umgeben

Meditation und den Zusammenkünften der Mönche dient. Der einzige Zugang von außen erfolgt über den Sprechraum der Mönche zwischen Westflügel und Kirche. Der Kreuzhof ist quadratisch, eine Ruhe und Konzentration ausdrückende Form, deren „äußere, ästhetische Ordnung die innere widerspiegeln sollte“ (Braunfels, S. 57).

Dieser Prototyp eines Klosters schlechthin sollte bis weit in die Neuzeit für die den benediktinischen Regeln verpflichteten Klöster verbindlich sein. Nicht gelöst war indes das Erfordernis eines Versammlungsraumes der Mönche. Im 11. Jahrhundert, erstmals 1030 im Kloster Heiligenberg bei Heidelberg, wenig später in Cluny II, ist ein Kapitelsaal im Ostflügel im Anschluß an das östliche Querhaus nachweisbar. Unpraktisch war auch die Anordnung von Bibliothek und Scriptorium (Schreibsaal) im Abtshaus nördlich der Kirche. Wegen der hohen Bedeutung der Schreibstuben und Bibliothek für die Mönche waren gut belichtete und heizbare Räume in räumlich engem

Zusammenhang mit den Mönchsräumen erforderlich und fanden im Ostflügel eine funktionsgerechte Anordnung.

Die Zisterzienser haben grundsätzlich an diesem Planschema festgehalten, es aber entsprechend ihren ordenseigenen Erfordernissen modifiziert. Neu war die Anordnung des Abtsraumes innerhalb der Klausur, denn der Abt sollte als Gleicher unter Gleichen leben. Neben der Abtszelle befindet sich ein Gang mit dem Ausgang zu den Feldern und Gärten des Klosterbezirks, wo die Mönche täglich arbeiteten. Die Bibliothek und Schreibstuben verkümmerten zu winzigen Räumen, denn wissenschaftliche Arbeit gehörte nicht zu den Aufgaben der Zisterzienser.

Völlig neu war für den Klosteralltag die Einbeziehung von Konversen (Laienbrüdern), die aber keinen Zugang zum Kreuzhof im Zentrum der Klausur hatten. Die Konversen wurden im Westflügel untergebracht, der vom Kreuzgang durch einen Konversengang getrennt war. Zwischen Westflügel und Refektorium war die Küche angeordnet, von der aus die Refektorien von Mönchen und Konversen bedient wurden. Die Zisterzienser entwickelten außerdem ein Schema, das es ermöglichte, je nach Erfordernis die drei Hauptfunktionsbereiche – Mönchshaus im Osten, Refektorium im Süden, Konversenbau im Westen – zu erweitern, ohne den Kreuzhof und Kreuzgang und damit die innere Ordnung des Klosters verändern zu müssen, während die größeren Benediktinerklöster nicht selten nur durch Anfügung neuer Kreuzhöfe mit unübersichtlichen Funktionsabläufen erweitert werden konnten.

In der Realität unterscheiden sich die schleswig-holsteinischen Nonnenklöster, ob den Benediktinerinnen oder Zisterzienserinnen zugehörig, nur wenig und zeigen das gleiche Schema. Dieses ist auf mehrere Faktoren zurückzuführen: Ordensfrauen lebten zwar nach den Regeln des Ordens, waren aber grundsätzlich von der Ausübung priesterlicher Aufgaben ausgeschlossen. Für die Nonnen war deshalb in der Kirche nur ein Chor zu schaffen, von dem aus sie den Gottesdienst verfolgen konnten. Dieses machte die Anwesenheit von Priestern auch innerhalb der Klausur bei Gottesdiensten notwendig. Nicht wenige Frauen brachten Bedienstete mit ins Kloster. Nonnen und Laienschwestern waren bei weitem nicht so streng hierarchisch getrennt wie Mönche und Konversen in den Mönchsklöstern. Zusätzlich lebten in der Klausur noch Schülerinnen, die anderen Regeln als denen der Schwestern unterworfen waren. Dieses nicht streng nach den Ordensregeln organisierbare Klosterleben bewirkte somit auch eine andere bauliche Zuordnung der Funktionsbereiche, die mehr oder weniger ineinander übergingen.

Die Einhaltung des den Zisterziensern ordenseigenen Schemas wurde bei Mönchsklöstern von Anfang an zentralistisch überwacht. Die Frauenklöster waren dagegen Gründungen von Adeligen, nicht des Ordens selbst. Eine Inkorporierung in diese wurde häufig erst dann angestrebt, als die Gebäude bereits standen. Auch waren die Klöster vergleichsweise klein, so daß auch die Anlehnung an das zisterziensische Grundrißschema letztlich zu sehr geschlossen wirkenden Gebäudekomplexen führte, die sich nur wenig von den Benediktinerklöstern unterscheiden. Eine Art Reduktionsprozeß – beispielhaft dafür der Grundriß des Kloster Eldena bei Greifswald – führte wieder auf das ursprüngliche und praktische Grundrißschema von St.Gallen zurück: die Kirche als Zentrum, daran im Norden oder Süden angelehnt der Kreuzhof mit Kreuzgang, um diesen vier Gebäudeflügel; im Osten vornehmlich die Räume für die Nonnen (im Erdgeschoß die Tagesräume, unter dem Dach das Dormitorium), parallel zur Kirche Wirtschaftsräume und Speisesaal für Nonnen und Laienschwestern, im Westen Wirtschaftsräume und Räume für die Laienschwestern; alle anderen Funktionen wie Kapitelsaal oder Raum der Priörin wurden pragmatisch nach jeweiligen Erfordernissen angeordnet.

Die Kirchen waren einfache Saalkirchen ohne die für Benediktiner- und Zisterzienserkirchen übliche große Zahl von Altären im Querschiff oder in Umgangschören, da den Nonnen der Dienst am Altar verwehrt war. Stattdessen erfüllten die Kirchen in Itzehoe, Schleswig und Uetersen zugleich die Funktion als Pfarrkirchen. Daraus ergab sich die Notwendigkeit, den Nonnen die Teilnahme an den Messen so zu ermöglichen, daß sie weder die Laien sehen noch von diesen gesehen werden konnten. Die Nonnenchöre in Itzehoe, Uetersen und Schleswig wurden deshalb auf vom Kreuzgang über eigene Treppen erreichbaren Emporen eingerichtet. Im Kloster Preetz, dessen Kirche nicht auch die Funktion einer Pfarrkirche erfüllte, befindet sich dagegen der Chor innerhalb des Mittelschiffes, während die Laien im südlichen Seitenschiff Platz fanden.

Die Stellung der Wirtschaftsgebäude folgte keinen erkennbaren Regeln, sondern allein praktischen oder topographischen Gesichtspunkten. Davon hat sich nichts erhalten. Die letzten Wirtschaftsgebäude des Klosters Preetz brannten in den 1950er Jahren restlos ab.

1.6.3. Bauliche Gestaltung der Klosterbauten

Die Klosterbauten stammen mehrheitlich, wenn man von der vor der Klostergründung entstandenen romanischen Kirche des St.-Johannis-Klosters in Schleswig absieht, aus gotischer Zeit. Im Vergleich zu den großartigen Bauten des 12. bis 15. Jahrhunderts in ganz Europa ist wie bei der Grundrißbildung die Beschränkung auf elementare Grundformen charakteristisch, was der gotischen Architektur Norddeutschlands einen eigenen unverwechselbaren Charakter gibt. Dieses wurde vor allem dadurch bewirkt,

Abb. 12 „Reduktionsgotik": radikale Beschränkung formaler Mittel als Ausdruck mangelnden Repräsentationszwanges, geringer finanzieller Mittel und Verfügbarkeit weniger Materialien (Klosterkirche Preetz)

daß die Klöster durch ihre Stifter und ortsansässige Bauleute errichtet wurden, denen Geist und Eigenheiten der benediktinischen und zisterziensischen Architektur nur beschränkt bekannt gewesen sein dürften. Um so mehr ist zu bedauern, daß das Mönchskloster in Reinfeld und das Rüdekloster nicht erhalten sind. Zu vermuten ist, daß beide dem Lügumkloster ähnlich gewesen sein dürften: einem Kleinod des Übergangsstils von der Romanik zur Gotik (Abb. 13).

Der Verzicht auf offenes Strebewerk am Außenbau zugunsten von Strebepfeilern, Betonung der Wand sowie die Überdeckung von Kirche und Klosterbauten durch einfachste, dem Wind wenig Angriffsflächen bietende Dachformen hat in Verbindung mit der durchgängigen Verwendung von Backsteinen und Dachziegeln die Herausbildung sehr blockhaft geschlossener Baukomplexe bewirkt. Schmuckformen finden sich nur an wenigen Stellen: Würfel- oder Zahnfriese an den Gebäudetraufen sowie Formsteine an Portalen und Fenstergewänden (Abb. 12).

Das Innere wird durch die Bildung von Einheitsräumen unter Verzicht auf Querhäuser und Polygonalchöre (in Uetersen und Schleswig einschiffige Räume, in Preetz eine Pseudo- oder Stutzbasilika, in Itzehoe vermutlich eine zweischiffige Halle) und die starke Betonung geschlossener Wandflächen bestimmt. Die im Vergleich zu den hochkomplizierten Formen hoch- und spätgotischer Architektur auffällige Beschränkung des formalen Aufwands macht die schleswig-holsteinischen Klöster zu charakteristischen Beispielen der sogenannten „deutschen Reduktionsgotik".

Bemerkenswert ist, daß alle schleswig-holsteinischen Klosterkirchen, d. h. auch diejenigen, die hier nicht besprochen werden wie Cismar oder Bordesholm, mit Ausnahme der Segeberger Stiftskirche und der Kirche St. Laurentii in Itzehoe, die als Pfarrkirche vor Gründung des Klosters gebaut worden war (Abb. 9), turmlos geblieben sind. Gehörte der Verzicht auf Türme mit Ausnahme eines Dachreiters zu den unabdingbaren Forderungen der Zisterzienser und Bettelorden, gibt es keine diesbezüglichen Regeln der Benediktiner. Der Turm der als Pfarrkirche gebauten Kirche des St.-Johannis-Klosters in Schleswig ist sogar noch nachträglich in den Hauptbaukörper einbezogen und zusammen mit diesem durch ein Satteldach überdeckt worden. Anzunehmen ist, daß man kein Erfordernis sah, den verschlossenen Nonnenklöstern eine besondere repräsentative Wirkung nach außen zuzugestehen. Da aber auch das Benediktinerkloster Cismar und das Augustiner-Chorherrenstift in Bordesholm (im Gegensatz zur früher errichteten Stiftskirche in Sege-

Abb. 13 Turmlosigkeit (mit Ausnahme von Dachreitern) als ikonologisches Merkmal von Zisterzienser- und Bettelordensklöstern: Lügumkloster

berg) turmlos geblieben sind, kann vermutet werden, daß sich im 13. Jahrhundert eine durch die Zisterzienser und Bettelorden geprägte zeichenhafte Vorstellung von der einem Kloster angemessenen Baugestalt durchgesetzt haben könnte. Wie vormals die Zisterzienserinnenkirche in Uetersen werden auch die Klosterkirchen der Benediktinerinnen in Preetz und Schleswig lediglich von kleinen, allerdings erst in der Neuzeit errichteten Dachreitern überragt (Abb. 22 u. 29).

1.6.4. Künstlerische Ausstattung

Von der mittelalterlichen Ausstattung der Kirchen und Klausuren ist kein verläßliches Bild mehr zu gewinnen, da vieles im Zusammenhang mit der vorreformatorischen Belastung der Klöster durch Steuern, der Plünderung der Klöster während der Reformation und der Umwandlung in Damenstifte sowie durch spätere Unvernunft beim Umgang mit dem überkommenen Erbe verlorenging. In den Klosterkirchen Preetz und Schleswig haben sich beträchtliche Teile des mittelalterlichen Chorgestühls erhalten, in Preetz eingebaut in ein barockes Gestühl, das Schleswiger heute nicht mehr am ursprünglichen Platz, sondern im Remter aufgestellt. Noch 1743 wurde der spätmittelalterliche Hochaltar der Klosterkirche Preetz an die Stadtkirche abgegeben; von dort gelangte dieser wenig später ins Nationalmuseum in Kopenhagen, wo bereits ein kleiner, aber besonders wertvoller Altar, dessen Mitteltafel die Verkündigung an Maria zeigt, aufbewahrt worden war.

Benediktinischem Geist entsprach es, der Gestaltung liturgischer Geräte besondere Aufmerksamkeit zu schenken. Aber auch hier ist trotz der hohen symbolischen Bedeutung nur wenig erhalten: in Preetz ein wertvoller Abendmahlpokal um 1250–1260, ein Meisterwerk norddeutscher, wahrscheinlich lübischer Goldschmiede (Abb. 14), ein paar Kelche mit Oblatenteller aus Uetersen (Abb. 15). Itzehoer Bürger verkauften Schmuck und der neuen evangelischen Liturgie nicht mehr entsprechendes Gerät der Kirche St. Laurentius nach Hamburg. Am Ort selbst werden nur noch wenige Stücke des Klosterschatzes, darunter ein Äbtissinnenstab, aufbewahrt. Noch im späten 18. Jahrhundert wurde der über die Zeiten vollständig bewahrte mittelalterliche Schatz des Klosters Uetersen zur Begleichung von Schulden nach Gewicht verschleudert. Im St.-Johannis-Kloster von Schleswig haben sich gotische Kalkmalerien und spätgotische Ausstattungsstücke sowie mehrere liturgische Geräte erhalten, die insgesamt aber nur noch einen Abglanz der ursprünglichen Ausstattung von Kirche und Kloster vermitteln können.

Abb. 14 Abendmahlskelch aus dem Kloster Preetz, in einer lübischen Werkstatt aus vergoldetem Silber gefertigt und mit Edelsteinen und Glasflüssen verziert, Mitte des 13. Jahrhunderts (Landesmuseum Schloß Gottorf)

Abb. 15 Abendmahlskelch aus dem Kloster Uetersen, vom Hamburger Meister Hinrik Rentzel signiert und 1504 vom damaligen Probst Johannes Schauenburger und dessen Bruder Hinrik gestiftet (Landesmuseum Schloß Gottorf)

2. Die Adeligen Damenstifte

2.1. Situation der Klöster vor der Reformation im 16. Jahrhundert

Am Vorabend der Reformation war die Mehrzahl der Klöster in eine Lage geraten, die ihre Sinnhaftigkeit in Frage stellte: Verlotterung der Sitten, Mißachtung des Gebotes von Askese und Armut, wirtschaftliches Mißmanagement, Übernahme von Bildungs- und caritativen Aufgaben durch andere Institutionen. In der Mitte des 15. Jahrhunderts verband sich deshalb eine Reihe von reformwilligen Benediktinerklöstern zur Bursfelder Kongregation, um die ursprünglichen Regeln der Gottesdienst- und Lebensordnung wieder zur Geltung zu bringen. Visitationen durch Äbte benachbarter Klöster sollten dazu beitragen, Mißstände zu erkennen und Wege zur Abhilfe zu suchen. Wie schwer das war, zeigen die Bemühungen der Anna von Buchwald im Kloster Preetz, regelwidriges Privateigentum auch geistlich zu legitimieren, wenn es wegen der Herkunft der Nonnen aus den begüterten Familien nicht verboten werden konnte.

Mit Beginn des 16. Jahrhunderts gerieten alle Klöster in einen Sturm, in dem sich religiöse, materielle und machtpolitische Aspekte mischten und überlagerten. Die bekannten Mißstände boten hierfür einen willkommenen Anlaß. Martin Luther selbst bezeichnete die Klöster als Lasterhöhlen des Teufels und verdammte die von Mönchen und Nonnen zu leistenden Gelübde als Gotteslästerung. Wie sehr sich allerdings im Denken der Zeit Realität und schlüpfrige Phantasie mischten, macht die Legende evident, derzufolge ein unterirdischer Gang am Kloster Bordesholm den Augustinerchorherren dazu gedient haben soll, unbemerkt zu den Nonnen in Preetz zu gelangen.

In eine erste existenzbedrohende Krise gerieten die Klöster durch die Aufhebung der Steuerfreiheit für geistliche Güter. Bereits seit 1523 hatte Friedrich I. dem Land hohe Steuern abverlangt, Klöster, Bischöfe und Domkapitel zunächst aber wie üblich noch nicht belastet. 1526 kam es jedoch zum Beschluß des Landtags, auch diese zu besteuern. Um die neuen Lasten zu tragen, sahen sich nahezu alle Klöster veranlaßt, Klostergut zu verpfänden oder zu verkaufen. Für den Adel ergab sich hieraus die günstige Gelegenheit, seinen Grundbesitz zu erweitern. Daß bei den Verkäufen der Klöstergüter verwandtschaftliche Beziehungen eine große Rolle spielten und vieles wiederum in den Händen der tonangebenden adeligen Familien blieb, ist augenscheinlich, wenn man die Namen von Pröbsten und Priörinnen sowie Käufern betrachtet. 1531 verkaufte beispielsweise die Priörin des Klosters Uetersen, Katharina Rantzau, mehrere Dörfer an Johann Rantzau, der damit die 1526 vom Stift Bordesholm erworbene Besitzung Breitenburg abrunden und zu einem prächtigen Herrensitz ausbauen konnte.

2.2. Reformation und Säkularisierung

Die neue Lehre erfaßte bis 1530 zuerst die Städte: Hamburg 1521; Lübeck 1522; Oldesloe 1522; Husum 1525; Flensburg 1526; Wilster, Krempe, Itzehoe und Kiel 1527, später auch das platte Land. Nur kurz danach ließ Christian II. die Bettelklöster auflösen, eignete sich deren Gut an oder verteilte dieses an Vertraute. Die Gebäude übergab er den Städten zur Nutzung als Hospitäler und Armenwohnungen (Flensburg, Kiel, Schleswig).

Der Adel stand der Reformation zum Teil aufgeschlossen gegenüber wie Johann Rantzau, ein anderer Teil lehnte sie ab. Prinz Christian, ab 1533 Herzog, 1534 König Christian III. (Abb. 17), stellte bereits während eines Religionsgespräches in Flensburg 1529 unter Beteiligung des Reformators Johannes Bugenhagen die Weichen zur Durchsetzung einer einheitlichen und obrigkeitlichen Staatskirche. 1530 verordnete er dem nördlichsten Teil des Herzogtums die neue lutherische Kirchenordnung (Haderslebener Artikel). 1533 erkannte der schleswig-holsteinische Landtag die evangelische Lehre zwar als gleichberechtigt neben der alten katholischen an, verweigerte aber die Zustimmung zur neuen Kirchenordnung. Während Christian III. in Dänemark weiterhin die Reformation auf der Grundlage einer veränderten, wiederum von Johannes Bugenhagen verfaßten Kirchenordnung von 1537 vorantrieb, ist es dem einflußreichen Schleswiger Bischof Gottschalk von Ahlefeldt, der dem schleswig-holsteinischen Uradel entstammte und Wortführer der ritterschaftlichen Opposition war, zuzuschreiben, daß die Einführung dieser neuen Kirchenordnung gegen den Willen des Landtags in den Herzogtümern zunächst nicht möglich war. Erst 1541 mit dem Tod Gottschalks änderte sich die Lage. Nunmehr konnte der König die Kirchenordnung, die „Christlyke Kercken Ordeninge", mit aller Macht und persönlichem Einsatz endgültig durchsetzen (Abb. 16). 1542 vom Landtag angenommen, galt diese seitdem verbindlich für die Herzogtümer Schleswig und Holstein, nicht aber für den Bereich des Lübecker Bischofs und Domkapitels sowie des Hamburger Domkapitels. Die Kirchenordnung regelte die für die Verbreitung des Glaubens erforderlichen Fragen wie Verkündung des Evangeliums, Gottesdienste und Austeilung der Sakramente, das Schulwesen, Unterhalt von Kirchendienern und Armen, Kirchenaufsicht und Bücherausstattung.

Für die Klöster finden sich in der Kirchenordnung auch einige Bestimmungen in den Abschnitten „Van den Mönneken, de nicht Bedelen [= bet-

No. 1030.

Christlyke Kercken Ordeninge/ De vñ den Fürstendömen/ Schleßwig/ Holsten etc. schal geholden werdenn.

Abb. 16 Titelblatt der Kirchenordnung von 1542, der sich auch die schleswig-holsteinischen Klöster bzw. Damenstifte zu unterwerfen hatten

Abb. 17 König Christian III., mächtigster Förderer der Reformation, diese 1536/37 im Königreich Dänemark, nach 1542 auch in den schleswig-holsteinischen Landesteilen mit brachialen Mitteln durchsetzend. Porträtmedaille von Jacob Binck, 1541

teln]“ und „Van den Nunnnen edder Kloster Junckfrouwen“. Der erste Abschnitt beließ die Feldklöster bei „ere fryheit“, ein allerdings falsches Versprechen, denn sie entgingen den landhungrigen Landesherren nicht, die Bettelklöster waren ohnehin bereits zwischen 1528 und 1533 aufgelöst. Die Bestimmungen über die Jungfrauenklöster bezogen sich auf die Visitation im Frühjahr 1541. Die Frauen wurden ermahnt, ein sittsames Leben zu führen und angewiesen, auf eigene Kosten einen evangelischen verheirateten Prediger zu einem „ehrlichen“ Sold einzustellen, außerdem ermahnt, die Gesänge deutsch zu halten, weil das jedermann verstehen könne.

Die Veräußerung des geistlichen Gutes war mit Rücksicht auf die Verdienste des Adels um die Macht der Gottorfer Landesherren insbesondere während der Grafenfehde 1533 bis 1536/37 geduldet worden, wurde aber nun untersagt, um zunächst den König, später im Zusammenhang mit den mehrmaligen Landesteilungen die Landesherren mit ausreichend Land auszustatten. Damit war der Weg zur Säkularisierung der reichen Feldklöster frei – trotz der Zusicherung, die Freiheit der Klöster zu wahren. Deren Auflösung zog sich jedoch weit länger hin als gedacht: 1581 trat König Friedrich II. das Kloster Reinfeld an seinen Bruder Herzog Hans d. J. ab, nachdem es dem dortigen Abt gelungen war, die Auflösung mit vielen Tricks hinauszuzögern, 1582 wurde das Rüdekloster trotz Wechsels zum evangelischem Glauben dem König übereignet. Im Falle des Lübecker St.-Johannis-Klosters dauerte die Auflösung de jure sogar bis 1667, als die letzte Äbtissin den Immedietätsanspruch, d. h. mit Hinweis auf einen kaiserlichen Schutzbrief nicht den Lübecker Rat als weisungsberechtigte Instanz anzuerkennen, endgültig aufgab.

2.3. Fortbestand der Nonnenklöster als Adelige Damenstifte

Dank der politisch starken Position der Ritterschaft konnten die Güter der vier Nonnenklöster im wesentlichen zusammengehalten werden, während das Reinbeker Zisterzienserinnenkloster bereits 1529 ohne nennenswerten Widerstand der vor allem aus Hamburger bürgerlichen Familien stammenden Nonnen, aber auch ohne Unterstützung von außen, durch König Friedrich I. listenreich und unter Mitwirkung des Klosterprobstes Detlev Reventlow erworben werden konnte. Am Bestand der vier Jungfrauenklöster Itzehoe, Preetz, Schleswig und Uetersen rüttelte Christian III. jedoch nicht. Ihr Bestand war schon mehrmals, 1533 durch Bestätigung der Privilegien, 1541 in einer Anweisung zur Visitation der Klöster und 1542 in der Kirchenordnung, garantiert worden.

In den vier Nonnenklöstern wurde die Reformation unterschiedlich aufgenommen: Bereits als 1526 war in Preetz ein evangelischer Prediger tätig, die Umwandlung zum Damenstift dauerte aber noch bis 1566 und wurde durch König Friedrich II. bestätigt. Auch in Schleswig war die Übernahme des neuen Glaubens unproblematisch gewesen. Der Konvent des Itzehoer Klosters war dagegen gespalten, eine große Mehrheit der Nonnen sprach sich für den neuen Glauben aus, eine Minderheit dagegen. 1542 war aber die Lage so weit geklärt, daß die Klöster in Schleswig und Itzehoe in Adelige Damenstifte nach den Regeln des Johannes Bugenhagen umgewandelt werden konnten. Hinhaltenden Widerstand leisteten allein die Zisterzienserinnen in Uetersen, die Anweisungen des Königs nicht beachteten und sogar den ihnen aufgenötigten evangelischen Prediger zur Aufgabe veranlaßten. Christian

III. reiste 1555 persönlich nach Uetersen, um auch hier die neue Kirchenordnung mit königlicher Autorität und Drohung, das Kloster aufzulösen, endgültig durchzusetzen.

Da sich die Klöster längst von ihrem ursprünglichen Auftrag entfernt und sich zu Versorgungsanstalten für weibliche Mitglieder adeliger Familien entwickelt hatten, bewirkte die Umwandlung der Klöster in Adelige Damenstifte sehr viel weniger Veränderungen ihrer Ordnung, rechtlichen Stellung und des Alltags, als aus heutiger Sicht vermutet werden könnte. Der geistliche Auftrag blieb der gleiche: gemeinschaftlicher Gottesdienst und Gebet, nunmehr auch zum Wohle des Landes, und die Erziehung junger Mädchen und Frauen zu Gottesfurcht und guten Sitten. Geändert hatte sich allein grundsätzlich die Ausschließlichkeit des Gelübdes, was es den Damen gestattete, sich freier zu bewegen und ohne Ehrverlust das Damenstift zu verlassen und sich zu verheiraten.

Der Besitz der Klöster blieb auch bei ihrer Umwandlung in evangelische Damenstifte unangetastet. Die Ritterschaft, insbesondere der hochgeachtete und einflußreiche Johann Rantzau, hatte es erreicht, daß ihr die Aufsicht über die vier reichen Damenstifte übertragen wurde. Sie berief sich dabei nicht nur auf ihre Verdienste um die Konsolidierung der königlich-herzoglichen Landesherrschaft, sondern noch mehr darauf, daß ihre Mitglieder die mittelalterlichen Klöster von Anfang stets reich beschenkt hätten. Faktisch hätte die Konfiszierung der Klöster eine Enteignung der adeligen Familien bedeutet. Vorteilhaft für den Erhalt der Grundherrschaft war sicher der Umstand, daß die Damenstifte zwar der Aufsicht durch die Ritterschaft unterstanden, die Landesherren zugleich aber ein starkes Mitspracherecht behielten. Damit konnten weder der König noch der Adel das Klostergut an sich bringen oder ohne Zustimmung der anderen Seite veräußern.

1590 und noch einmal 1610 sicherte die Landesherrschaft den Fortbestand der vier Damenstifte zu. 1620 und 1625 erließ Christian IV. zwei Klosterordnungen, die am 18. Oktober 1636 durch die ausführliche „Revidierte Closterordnung“ ersetzt und 1637 nach Einwänden der Ritterschaft nochmals ergänzt wurden. Demnach dienen die Adeligen Damenstifte bis heute der Versorgung unverheirateter Töchter des Adels. Im Schleswiger Damenstift sollten ein paar Stellen den Töchtern von Hofbeamten vorbehalten bleiben. Die Pröbste bzw. der Verbitter in Itzehoe sollten aus der Ritterschaft gewählt werden. Itzehoe kam ein besonderer Rang zu, da die Stelle der Äbtissin einer Prinzessin aus landesherrlichem Haus zustand und der Verbitter protokollarisch den Stand der Prälaten in der Ritterschaft anführte. „Bemerkenswert ist, daß die schleswig-holsteinische Ritterschaft als einzige ständische Korporation in den evangelisch-lutherischen Gebieten Norddeutschlands nach der Reformation den (geistlichen) Prälatenstand in Form der [...] vier Pröbste beibehielt“ (Fuhrmann, S. 249).

2.4. Alltag der Konventualinnen im Damenstift

So wenig über das Leben in den Nonnenklöstern bekannt ist, so sehr fehlen auch Nachrichten über das Leben in den Damenstiften. Aus Niedersachsen liegt eine sehr ausführliche Darstellung über das mit anderen Klöstern ebenfalls in ein Adeliges Damenstift umgewandelte Kloster Ebstorf von Hanna Dose vor. Das Leben in Ebstorf und in den schleswig-holsteinischen Damenstiften dürfte sich in vielem geglichen haben. Else Plath-Langheinrich hat in mehreren Aufsätzen das Leben in Uetersen behandelt, dabei allerdings ihren Blick auf eine außergewöhnliche Konventualin, Auguste Louise Gräfin zu Stolberg-Stolberg, fokussiert.

Die Klosterordnung von 1542 bedeutete für die Damenstifte zunächst die Beibehaltung der jeweiligen Ordensregel. Erst die noch heute gültige „revidierte Klosterordnung" von 1636 durch Christian IV. stellte das Leben in den vier Damenstiften auf eine neue Grundlage. Seitdem löste sich das Gemeinschaftsleben immer mehr zugunsten einer sich verstärkenden Individualisierung auf: Heute leben die Konventualinnen nicht einmal mehr im Klosterbereich selbst und treffen sich nur noch zu wenigen Anlässen. Die Zahl der Konventualinnen in den größeren Klöstern wurde im 16. Jahrhundert deutlich gegenüber den Klosterzeiten gesenkt, um die Frauen ausreichend versorgen zu können: in Schleswig zehn Frauen, in Itzehoe zwölf, in Uetersen fünfzehn und in Preetz vierzig, jeweils einschließlich der Priörin bzw. Äbtissin.

Zu den geistlichen Aufgaben des Stifte gehörte es, „vor des Landes Wohlfahrt zu beten". Der Konvent traf sich zweimal am Tage, am Morgen und am Nachmittag, zum vorwiegend aus Gebet und Gesang bestehenden Gottesdienst im Chor. Kamen die Konvente dieser Verpflichtung nicht nach, drohte ihnen die Einziehung des Klostergutes. Die Durchsetzung dieser täglichen Pflichten war angesichts der geminderten Bedeutung des Gemeinschaftslebens nur schwer möglich, denn noch weniger als die Nonnen im mittelalterlichen Kloster waren die Konventualinnen am religiösen Leben interessiert. Wann das Gemeinschaftsleben in den Adeligen Damenstiften letztlich aufgegeben wurde, ist heute nicht mehr feststellbar, denn die Konventualinnen richteten eigene Haushalte mit eigenem Gesinde, gelegentlich bis zu fünf Personen, ein: In Uetersen wurden die Gebäudeflügel zunächst reihenhausähnlich umgebaut, so daß die Damen unabhängig voneinander leben und wirtschaften konnten. Als der Zustand der Gebäude immer schlechter wurde, war es den Damen gestattet, außerhalb des Stiftsbereichs, im Flecken Uetersen, zu wohnen. Dieses wurde jedoch bald zurückgenommen, als es immer schwieriger wurde, die Damen zur Erfüllung ihrer Pflichten zu bewegen. Im 18. Jahrhundert durften sich deshalb die Damen wie in den anderen Stiften auch innerhalb des Klosterareals eigene Häuser errichten. 1777 wurde schließlich sogar das gemeinsame Chorgebet, eines der zentralen Anliegen der mittelalterlichen Klöster wie der neuzeitlichen Damenstifte, endgültig aufgegeben. Die Konventualinnen nehmen seitdem nur noch am Gottesdienst ihrer jeweiligen Pfarrgemeinde teil.

Üblicherweise hatten die Töchter der Ritterschaft nach Zahlung einer erheblichen Summe durch den Vater und Einschreibung in das sogenannte „Installierungsregister" vom Tage der Konfirmation an das Recht auf eine Klosterstelle für den Fall, daß eine solche frei würde: eine Art Lebensversicherung, denn die Mädchen oder Damen erhielten zwar das Recht, in das Stift einzutreten, waren aber nicht verpflichtet, dieses wahrzunehmen, und im Gegensatz zu den Klöstern durch kein Gelübde an das Stift gebunden. Verpflichtend war allein die Ehelosigkeit. Über den geregelten Ablauf der Einschreibung wachte ein juristisch gebildeter und beamteter Schreiber. Als im 17. Jahrhundert auch auswärtige adelige Frauen und Töchter aus bürgerlichen Familien in die Stifte aufgenommen wurden, setzte die Ritterschaft auf den Landtagen von 1636 und 1637 sowie 1671 bis 1673 ein ausschließliches Recht an den Klöstern für die eigenen Familienangehörigen durch. Der Adel konzedierte jedoch dem Landesherrn, König oder Herzog, das Recht, am Tage der Thronbesteigung in jedes der vier Stifte eine erwachsene Dame seiner Wahl zum nächstfälligen Termin „einzubitten" und die dafür notwendige Installierung zu bezahlen. Dieses Recht der „Ersten Bitten" verschaffte Töchtern, die auswärtigem oder verarmtem Adel, aber auch dem Hofbeamtentum, dem der König verpflichtet war, entstammten, eine Stiftsversorgung auf Lebenszeit. Neben den bekannten Namen des Uradels tauchen deshalb in den Büchern immer wieder Namen auf, die auf nicht schleswig-holsteinische oder bürgerliche Herkunft der Konventualinnen schließen lassen. Hierzu gehörte auch Augusta Louise von Stolberg, deren Familie aus Mitteldeutschland zugewandert war und von der schleswig-holsteinischen Ritterschaft erst 1789 „rezipiert" wurde.

Bei Eintritt ins Stift wurden die Mädchen oder jungen Frauen feierlich eingekleidet und darauf verpflichtet, „das allgemeine Beste des Klosters dem privaten Nutzen vorzuziehen". Der Verpflichtung zur Ableistung von drei Schuljahren, dem klösterlichen Noviziat vergleichbar, entzogen sich die Damen allerdings zumeist, sondern ließen sich beurlauben und kehrten in das Elternhaus zurück.

Die immer geringer werdenden Aufgaben in den Damenstiften oblagen wie im mittelalterlichen Kloster einzelnen Konventualinnen, wozu diese jedoch auch ihre Mägde oder bezahlte Hilfskräfte einsetzten. Zuletzt blieb die Aufgabe der „Kirchenmeisterin", die für die Vorbereitung der Gottesdienste und Pflege der liturgischen Geräte zuständig war. Neben den nicht viel Zeit beanspruchenden Aufgaben führten die Damen ein ausgesprochen privates

Leben, fuhren aus, empfingen und machten Besuche und führten ihren Haushalt allein. Das alles bewirkte, daß die standesbewußten Damen zu großer persönlicher Selbständigkeit gelangten, wie es andernorts nur wenigen Frauen vergönnt war. Im Konvent gleichberechtigter Stiftsdamen lernten sie ihre Meinung zu vertreten und einen Konsens zu finden.

Der sich aus der ordnungsgemäßen Erfüllung der Aufgaben ergebenden Residenzpflicht versuchten sich die Damen immer wieder zu entziehen, was aber auch zu geschmälerten Einnahmen aus der Klosterkasse führte. Um das Damenstift zeitweise zu verlassen, zum Beispiel um den Sommer bei ihren Familien zu verbringen, mußten die Konventualinnen bei der Priörin um Erlaubnis bitten. Die Stiftstracht, „schwarzes Tuch und türkisch grobgrün", als Zeichen der Zugehörigkeit zum Damenstift, verlor zunehmend an Bedeutung. Stattdessen kleideten sich Priörin und Konventualinnen nach der jeweils letzten Mode, behängt mit kostbarem Schmuck.

Die Priörin oder Äbtissin (in Itzehoe) wurde aus dem Kreise der Konventualinnen in geheimer Wahl und mit einfacher Stimmenmehrheit bestimmt. Die Verwaltung der äußeren Angelegenheiten oblag einem auf Lebenszeit gewählten Mitglied der Ritterschaft. Mußten die Pröbste des mittelalterlichen Klosters dem geistlichen Stand angehören, handelte es sich bei denen der Damenstifte um Gutsherrn mit eigenen Einkünften; eine Residenzpflicht gab es deshalb nicht. Die Rolle des Itzehoers Verbitters war im Vergleich mit den anderen Damenstiften nachrangig, hier hatte die aus königlichem Hause stammende Äbtissin Vorrang. Wegen unklarer Aufgabenverteilung zwischen Äbtissin, Priörin, Verbitter und Vogt, alle zugleich für die Aufsicht über die Klosterwirtschaft in Itzehoe zuständig, kam es wiederholt zu Kompetenzstreitigkeiten, die schließlich 1630 durch König Christian IV. mittels wiederum recht komplizierter Regelungen geschlichtet werden mußten. In Uetersen kam es zu gerichtlichen Auseinandersetzungen zwischen Priörin und Probst. Um die Prozeßkosten zahlen zu können, veräußerte die Priörin am Ende des 18. Jahrhunderts den mittelalterlichen Klosterschatz.

2.5. Eine herausragende Persönlichkeit: Augusta Louise Gräfin zu Stolberg-Stolberg, Stiftsdame in Uetersen 1766–1783

Anna von Buchwald war eine Persönlichkeit, deren Individualität hinter der Aufgabe zurücktrat und die ihre Bedeutung aus dem Bemühen erlangte, ihr Kloster zu konsolidieren und Neuem zu öffnen. Für Auguste Louise Gräfin zu Stolberg-Stolberg spielte das Stift als geistliche Institution und Lebensform keine entscheidende Rolle mehr, war bestenfalls Rahmen eines an individuellen Interessen und Neigungen ausgerichteten Lebens. Von ihrem Haus im Damenstift aus suchte sie dessen Beengungen zu überwinden und unterhielt einen regen Briefwechsel mit zahlreichen Geistesgrößen der Zeit wie Goethe und Klopstock. Jedes Jahr verbrachte sie viele Wochen außerhalb des Stifts und verließ dieses schließlich später, um zu heiraten.

Augusta Louise (Abb. 18) war 1753 in Bramstedt als Tochter des Grafen Christian Günther zu Stolberg-Stolberg, eines Nachkommen ehemals reichsunmittelbarer Fürsten und Grafen von Stolberg im Harz und Besitzers des Gutes Bramstedt, geboren worden. 1756 zog die Familie nach Kopenhagen um. Die Stolbergs neigten dem Pietismus zu, waren aber auch an Literatur interessiert. Zwei Brüder, Christian und Friedrich Leopold, erlangten nicht nur hohe staatliche Ämter, sondern traten selbst auch als Schriftsteller und Übersetzer mit weitreichenden Beziehungen zur literarischen Welt hervor. 1766 wurde die dreizehnjährige Augusta Louise auf Bitten des Königs Christian VII., in das Damenstift Uetersen aufgenommen. Nach der Einkleidung konnte sie aber sofort zu ihren Eltern zurückkehren, denn ihre Klosterzeit begann erst im Alter von 17 Jahren.

Über ihr Stiftsleben ist wenig bekannt. Vermutlich teilte sie sich mit Baroness Anna Metta von Oberg, einer engen Freundin, ein vergleichsweise komfortables Haus, umgeben von einem kleinen Garten nordwestlich der Kirche. Ob sie die stiftischen Aufgaben wie die der Kirchenmeisterin erfüllte, ist nicht feststellbar, da sie zum Zeitpunkt der Amtsübergabe zumeist noch nicht zurückgekehrt war und die dafür erforderlichen Papiere nicht unterschreiben konnte. Ihr Leben füllte sie aus mit Lektüre, dem Erlernen von Englisch, „fast den ganzen Morgen und Vormittag“ (alle folgenden Briefe zitiert nach Weisbecker), umfangreicher Korrespondenz und häufigem Reisen auf das elterliche Gut, nach Kopenhagen, Hamburg und Altona sowie mit Fahrten in eigenem Wagen ins Umland. Zwei größere Reisen führten sie nach Schweden (1777) und zur Kur nach Meinberg und Pyrmont (1779). Von nur wenigen Reisen kehrte sie zum vorgesehenen Zeitpunkt zurück, was zu erheblicher Schmälerung ihrer stiftischen Einkünfte führte.

Augusta Louises physischer Zustand war stets labil. Wiederholt kam es zu schweren Krankheiten, die auf die innere Zerrissenheit der jungen Frau schließen lassen. Immer länger und häufiger wurden die Aufenthalte außerhalb des Stifts, zugleich bekundete sie aber mehrfach und überschwenglich, wie gern sie in Uetersen sei: „Daß ich hier bin, daß wißt Ihr ja wohl, meine Besten! Daß ich unaussprechlich froh bin, daß ich hier bin, daß vermuthet Ihr Euch wohl aus.“ Als 1774 Johann Wolfgang Goethe seinen Briefroman „Die Leiden des jungen Werther“ veröffentlichte, der das Verlangen nach Verwirklichung der Ideen und Gefühle des jungen Bürgers Werther und dessen Scheitern an den engen Grenzen der starren feudalen Konvention spiegelte,

Abb. 18 Augusta Louise Gräfin zu Stolberg-Stolberg im Alter von 27 Jahren. Gemälde von Jens Juel, 1780

hatte er den Nerv der Zeit getroffen. Die hochgebildete und belesene junge Frau ließ sich im Alter von 21 Jahren durch den „Werther" so sehr beeindrucken, daß sie nicht nur ganze Passagen auswendig lernte, sondern auch den Drang verspürte, mit Goethe Verbindung aufzunehmen. Heinrich Christian Boie, Herausgeber des seinerzeit viel beachteten Göttinger Musenalmanachs, ermunterte Augusta Louise im Dezember 1774 zu einem ersten, zunächst unter fremdem Namen geschriebenen Brief, aus dem sich ein reger Briefwechsel entwickeln sollte, der die junge Frau in die Weltliteratur eintreten ließ. Von den Briefen sind allerdings allein die Goethes erhalten geblieben sind, während der Dichter die an ihn gerichteten zusammen mit anderen Papieren verbrannte.

Die Bewunderung der jungen Frau gab dem Dichter Anlaß, die eigene innere Zerissenheit infolge des Verlöbnisses mit Lili Schönemann in außerordentlich intimen Bekenntnissen zu offenbaren. Die Briefe machen seine Erregung in einer scheinbar ausweglosen Lage und seine Gefühle in beispielloser Weise sichtbar. Die Gräfin, sein „Gustgen", wie Goethe sie ansprach, hat er aber selbst nie persönlich kennen gelernt. Einen Plan, nach Norden zu reisen, hat er jedoch nie verwirklicht, auch wenn es ihn verzehrte: „Gut denn, wir werden uns sehen. [...] Gestern Abend, Engel hatt' ich so viel Sehnen zu ihren Füßen zu liegen und ihre Hände zu halten. [...] O Gustgen wenn ich nur einen Blick in Ihr Auge tun könnte!" Später gestand er ihr, von einer Reise nach Kopenhagen geträumt zu haben und ihr mit Tränen zu Füßen gefallen zu sein. Der jungen Frau muß das Vertrauen des Dichters geschmeichelt haben. Diese Vertraulichkeit mit einer Unbekannten scheint aber auch Goethe gelegentlich selbst erschreckt zu haben, denn in einem Brief bat er: „Lassen Sie um Gottes willen meine Briefe niemand sehn...".

Auch mit anderen von ihr verehrten Dichtern pflegte sie vertrauten Umgang. Hierzu gehörten Friedrich Gottlieb Klopstock und Matthias Claudius ebenso wie Boie und Johann Martin Miller, alle wie die Brüder dem Göttinger Hain zugehörig. Auch die Briefe an diese durchzieht die Sentimentalität des Sturm und Drang, die sich in Freundschaftskult und Liebessehnsucht sowie dem Gedanken an den Tod entstammender Schwermut äußerte. Dem Tode war sie selbst mehrmals durch schwere Krankheiten nahe, was die Verbundenheit mit der Familie und vor allem ihren Brüdern nachhaltig festigte: „Mich deucht, wir gehören Alle so sehr zusammen, sind so ein Ganzes, daß man uns nicht trennen kann, ohne uns zu zerreißen."

Die Verbindung mit Goethe blieb auch nach dessen Wechsel nach Weimar Ende 1775 erhalten, der Briefwechsel verlor aber die bisherige Intimität, zumal der Dichter inzwischen in Charlotte von Stein eine neue Vertraute gefunden hatte, die er nun im Gegensatz zu seinem „Gustgen" fast jeden Tag sehen konnte.

Als die jüngere Schwester Henriette starb und Graf Andreas Peter von Bernstorff mit mehreren unmündigen Kindern zurückließ, verließ Augusta Louise Uetersen und heiratete 1783 den Schwager, dem und dessen Kindern sie immer schon zugetan gewesen war. Das beengende Stift vertauschte sie mit dem großzügigen Kopenhagener Palais des Staatsministers, einer Zentralfigur der dänischen Reformpolitik im ausgehenden 18. Jahrhundert. Dort brachte sie 1784 einen Sohn Carl zur Welt, der jedoch nur vier Jahre alt wurde. Bis zum Tod des Grafen 1797 blieb sie in Kopenhagen, um sich dann als Witwe zunächst nach Bordesholm, später nach Kiel zurückzuziehen. Dort entwickelte sie eine enge Beziehung zu dem pietistischen, gegenaufklärerischen und politisch reaktionären Emkendorfer Kreis um Julia und Fritz von Reventlow. Durch die tiefe Freundschaft mit Johann Kaspar Lavater, mit dem auch schon die Brüder und Goethe in Verbindung gestanden hatten und der dem Rationalismus der Aufklärung entgegenarbeitete, und durch einen Briefwechsel mit Pastor Claus Harms, ebenfalls einem antiaufklärerischen Eiferer und ab 1816 Archidiakon und Propst an St. Nikolai in Kiel, wandte sie sich zum Glaubensleben der frühen Jahre zurück. Dieses mag Augusta Louise 1822 bewogen haben, den Kontakt zu Goethe wieder aufzunehmen und diesen zu ermahnen, zum christlichen Glauben zurückzufinden. Am 17. April 1823 antwortete der Dichter mit deutlicher Zurückhaltung gegenüber dem Ansinnen, aber voller Verständnis und wohlwollender Anteilnahme und Toleranz gegenüber der früheren vertrauten Brieffreundin: „Redlich habe ich es mein Lebelang mit mir und anderen gemeint, und bei allem irdischen Treiben immer aufs höchste hingeblickt: Sie und die Ihrigen haben es auch getan. [...] Und so bleiben wir wegen der Zukunft unbekümmert! In unseres Vaters Reich gibt es viele Provinzen und, da er uns hierzulande ein so fröhliches Ansiedeln bereitete, so wird drüben gewiss auch für beyde gesorgt sein".

Während die Gräfin als 70jährige noch immer schwärmte, sie sei während des Briefwechsels das „glücklichste Geschöpf der Erde gewesen" und das Andenken an Goethe sei nie in ihr verloschen, beurteilte dieser – sich auf die Zeit um 1775 beziehend – kurz vor seinem Tode, in „Dichtung und Wahrheit" die Überspanntheit jener Jahre weit nüchterner: „Zu der damaligen Zeit hatte man sich ziemlich wunderliche Begriffe von Freundschaft und Liebe gemacht. Eigentlich war es eine lebhafte Jugend, die sich gegeneinander aufknöpfte und ein talentvolles aber ungebildetes Inneres hervorkehrte. Einen solchen Bezug gegeneinander, der freilich wie Vertrauen aussah, hielt man für Liebe, für wahrhaftige Neigung; ich betrog mich darin so gut wie die andern, und habe davon viele Jahre auf mehr als eine Weise gelitten."

Am 30. Juni 1835 starb die inzwischen 82 Jahre alte ehemalige Konventualin in Kiel.

2.6. Bauliche Entwicklung und Ausstattung der Damenstifte

Bei Umwandlung der Klöster in Damenstifte müssen sich die Baulichkeiten in einem außerordentlich schlechtem Zustand befunden haben, auch wenn in den ersten Jahrzehnten des 16. Jahrhunderts noch umfangreiche Instandsetzungs- und Umbaumaßnahmen stattgefunden hatten. Im keinem Falle genügten aber die geschlossenen, nach innen gerichteten Gebäude dem verändertem Lebensgefühl der Stiftsdamen, die auch nicht mehr aus dunklen Burgen oder Herrensitzen kamen, sondern aus komfortablen Palästen und Herrenhäusern. Der geminderten Bedeutung des Zusammenlebens in einer auf ein religiöses Ziel verpflichteten Gemeinschaft zugunsten der freien persönlichen Entfaltung entsprach die Auflösung der Klosterkomplexe in Einzelbauten, die sich locker um die erhaltenen Kirchen gruppierten. Dies war in Preetz und Itzehoe, ebenso, wenn auch mit einer gewissen Verzögerung, in Uetersen der Fall. Allein in Schleswig ist die mittelalterliche Klausur trotz Ersetzung einiger Bauteile als Ganzes erhalten geblieben, ergänzt um einige freistehende Bauten innerhalb des Klosterareals.

Binding/Untermann hatten bereits für die mittelalterlichen Kanonissenstifte eine vergleichbare Tendenz zur räumlich lockeren Anordnung der Funktionsbereiche festgestellt. Auch dort hatten die aus dem Hochadel stammenden Kanonissen oder Stiftsdamen bereits eigene Haushalte mit Dienerschaft in selbständigen Gebäuden innerhalb des Stiftsgeländes errichtet. Anspruch und Lebensweise dieser Damen waren mit den Regeln eines Klosters nicht in Übereinstimmung zu bringen. Erst später wurde die Anlage geschlossener Baukomplexe auch für Nonnenklöster verbindlich. Dieser Prozeß der Auflösung geschlossener Klosterkomplexe zu Anlagen in offener Bauweise wiederholte sich nunmehr unter veränderten Voraussetzungen bei den vormaligen Klöstern Schleswig-Holsteins. Im 16.–17. Jahrhundert blieben die Klostergebäude zunächst noch erhalten. In Uetersen wurden die Gebäude für den neuen Bedarf an Einzelwohnungen umgebaut. War aber die Klausur zerstört, wie 1657 in Itzehoe und Uetersen durch die Schweden im Krieg mit Dänemark, wurde diese auch nicht wieder aufgebaut. An ihre Stelle traten Neubauten wie das Priörinnenhaus in Uetersen oder das Äbtissinnenhaus in Itzehoe: beide in Anlehnung an die älteren Bauten, jedoch mit erkennbarer Tendenz, die Geschlossenheit der Gebäudekomplexe nicht wiederherzustellen (Abb. 19 und 39).

Innerhalb der Klosterbezirke entstanden in der Folgezeit eine Reihe von Wohngebäuden, die architektonisch den bürgerlichen oder adeligen Bauten der Zeit glichen und stilistisch den Strömungen der jeweiligen Zeit folgten, eine große Anzahl davon in Fachwerkbauweise. Eine den mittelalterlichen Klöstern vergleichbare eigene Architektursprache hat es in den schleswigholsteinischen Stiften der Neuzeit im Gegensatz zu den hochbarocken und den Charakter weiter Landstriche prägenden Baukomplexen in den katholischen Ländern nicht mehr gegeben.

Durch ihre Größe hervorgehoben sind stets die Häuser der Pröbste, die den gleichen Familien wie die Konventualinnen entstammten und Vorstellungen von der Angemessenheit eines adeligen Wohnsitzes mitbrachten, auch wenn sie hier nur zeitweise wohnten. In Uetersen handelt es sich um einen verputzten Backsteinbau mit sieben Achsen in Form eines Herrenhauses (1734, Abb. 40), in Schleswig um ein traufständiges Gebäude mit eineinhalb Geschossen und neun Achsen sowie einem mittigen Frontispiz (1754), in Preetz um einen breit lagernden Bau in Formen der toskanischen Frührenaissance (1838/39).

2.7. Damenstifte im 18. bis 20. Jahrhundert

Der noch in der Klosterordnung betonte religiöse Charakter der Damenstifte verschwand bereits im 18. Jahrhundert nahezu völlig. In Itzehoe wurde die Pflicht des täglichen Chor- und Gebetdienstes zugunsten viermaligen Betens in der Woche aufgegeben. Auch dieses reduzierte Programm verringerte sich später noch weiter auf die Teilnahme an den sonntäglichen Gottesdiensten der Pfarrgemeinde.

Nachdem die Landesherrschaft die ständischen Rechte der Ritterschaft immer mehr zurückdrängt hatte, kam es 1775 unter Federführung des Direktors der auch für Schleswig-Holstein zuständigen Deutschen Kanzlei, Andreas Peter Graf von Bernstorff, der einige Jahre später die Konventualin Augusta Louise Gräfin zu Stolberg-Stolberg heiratete, zur Bildung der „Fortwährenden Deputation der Prälaten und Ritterschaft", der jeweils ein Probst der Stifte und sechs gutsbesitzende Mitglieder der Ritterschaft angehörten und die die Aufgabe hatten und bis heute haben, die Verwaltung der vier Stifte zu beaufsichtigen. Die Deputation führte als eine Art geschäftsführender Ausschuß die Aufsicht über die adeligen Klöster und Güter, die später in einem Fonds zusammengefasst wurden (1841). Die Fortwährende Deputation tritt noch heute jährlich dreimal zur Beratung von Angelegenheiten der Stifte zusammen. Jeder der vier Pröbste führt jeweils zwei Jahre lang den Vorsitz.

Aus der Reihe namhafter Pröbste ragt Friedrich Graf Reventlow-Preetz (1797–1878) hervor, der sich als Ständedeputierter der Ritterschaft (ab 1836) bei der vereinigten Ständeversammlung beider Herzogtümer am 18. März 1848 in Rendsburg für ein gütliches Verhältnis mit Dänemark einsetzte, in die Proklamation der Provisorischen Regierung am 23. März das legitimistische Element einbrachte und danach als Mitglied der Provisorischen Regierung bis zu deren Rücktritt im Oktober 1848 Verantwortung als Minister für auswärtige Angelegenheiten übernahm. Von 1849 bis 1851 wirkte er als Mitglied der deutschen Statthalterschaft des Deutschen Bundes und wurde danach des Landes verwiesen.

Die Stifte hatten während der Reformation als Wirtschaftsbetriebe nur verhältnismäßig geringe Verluste hinnehmen müssen und konnten bis ins 19. Jahrhundert umfangreiche wirtschaftliche Aktivitäten entwickeln. In Itzehoe entstanden auf Stiftsland sogar einige kleinere Industriebetriebe, bevor das Stift durch Eingemeindung seinen besonderen Status und die

Abb. 19 Klosterbezirk Uetersen, neu gestaltet in der Art englischer Gärten und der Allgemeinheit zugänglich Lithographie von Adolf Hornemann, 1850

Grundherrschaft verlor. Erhebliche Einbußen erlitt Preetz in der Preußenzeit, als dessen Grundbesitz von mehr als 22.000 ha im Zusammenhang kommunalrechtlicher Verselbständigungen auf 3.455 ha reduziert wurde. 1928 endete der letzte Rest der alten kösterlichen Grundherrschaft. Das Damenstift Schleswig, das am Ende des 19. Jahrhunderts noch über einen Grundbesitz von über 6.500 ha verfügte, veräußerte diesen aus „heute schwer verständlichen Gründen" (Rumohr/Müller, S. 35). Das Stift Uetersen verlor 1876 die Gerichtsbarkeit zugunsten eines preußischen Amtsgerichts und 1890 seine klösterlichen Vorrechte, 1927 wurde es in die Stadt Uetersen eingemeindet. Es verfügt heute noch über einen Grundbesitz von etwa 150 ha.

Im 19. Jahrhundert erfolgten einige tiefgreifende Einschränkungen, die die

Stifte nachhaltig trafen: 1838 Verlust der geldwerten Zollfreiheit, 1867 – von weitaus größerer Bedeutung – Verlust der selbständigen Gerichtsbarkeit und 1890 jeglicher obrigkeitlicher Gewalt. Die Vertretung der Klöster durch die Pröbste und des Verbitters als Gruppe der Prälaten in den schleswig-holsteinischen Provinziallandtagen 1867–1888 weist noch auf den öffentlich-rechtlichen Charakter hin. Mit Wegfall hoheitlicher Befugnisse, d. h. staatlicher Aufgaben, seit 1890 erfüllen die Klöster nur noch ausschließlich private Interessen.

1919 bzw. 1920 untersagten die Weimarer Verfassung und das Preußische Adelsgesetz alle Standesvorrechte bestimmter Bevölkerungsgruppen, wozu das Klosterrecht der Ritterschaft zählte. Nach längeren Auseinandersetzungen über den Rechtsstatus – ob öffentlich-rechtlich oder privatrechtlich – entschied 1941 das Reichsgericht in Leipzig, daß die Zweckbestimmung der Damenstifte als öffentlich anzusehen sei und der Staat seine Rechte zugunsten der Ritterschaft nur zurückgestellt habe.

Eine neue Bedrohung der Damenstifte ergab sich aus der Verfügung des Reichsministeriums für Wissenschaft, Erziehung und Volksbildung vom 13. Februar 1939, es sollten nur „hilfsbedürftige, vaterlose und unverheiratete Töchter von um Staat und Partei wohlverdienten deutschblütigen Männern, insbesondere Töchter von Staatsbeamten, Offizieren und Amtsträgern der Partei“ aufgenommen werden. 1943 wurde für die Damenstifte eine „Vorläufige Satzung“ erlassen, die diese in mildtätige Stiftungen für „Arierinnen“ umwandelte. Hinhaltende Verhandlungen unter Berücksichtigung der Verpflichtung, bisher erfolgten Einschreibungen zu entsprechen, führten dazu, den status quo aufrechtzuerhalten.

Zwischen 1946 und 1948 schlug das schleswig-holsteinische Innenministerium vor, die Verfassung der Damenstifte den neuen gesellschaftlichen und politischen Entwicklungen anzupassen und sich auch den Töchtern anderer Gesellschaftsgruppen zu öffnen. Schließlich einigte man sich darauf, alles beim alten zu belassen.

Die Tätigkeiten der Konventualinnen konzentrierten sich seit dem 19. Jahrhundert immer mehr auf caritative Aufgaben wie Mitarbeit in wohltätigen Vereinen und beim Deutschen Roten Kreuz. In Itzehoe war zum Beginn des 20. Jahrhunderts sogar eine Stiftsdame Vorsitzende des Fabrikarbeiterinnenvereins. Die Konventualinnen lebten bereits um 1900 zum größten Teil außerhalb der Klosterbezirke, heute leben nur noch die Priörinnen des Schleswiger St.-Johannis-Klosters und des Klosters Preetz innerhalb ihrer Stiftsbereiche, die anderen Damen teilweise über ganz Deutschland verstreut.

3. Beschreibung der vier ehemaligen Klöster, heutigen Adeligen Damenstifte

3.1. Ehemalige Benediktinerinnenklöster

3.1.1. Schleswig – St.-Johannis-Kloster

Über die Entstehungsgeschichte des Klosters am Holm vor der Altstadt Schleswig besteht eine Reihe von Unklarheiten. Die Umsiedlung von Nonnen aus dem Kloster St. Michael um 1092 wird immer wieder behauptet, kann aber nicht bewiesen werden. Unklar ist auch, ob das Benediktiner-Michaelskloster ein Doppelkloster gewesen ist. Wahrscheinlich 1196, d. h. gleichzeitig mit der nachträglichen Bestätigung des Umzugs der Mönche in das neu gegründete Zisterzienserkloster Guldholm durch König Knud VI. von Dänemark, ist das Kloster gegründet worden. Zugleich wurde ihm eine dem heiligen Olaf geweihte Kaufmannskirche übereignet.

In der ältesten das Kloster betreffenden Urkunde, datiert vom 7. März 1251, bestätigte Abel als König von Dänemark und Herzog von Jütland umfangreiche Freiheiten. Allerdings erst am Ende des 14. Jahrhunderts wurde das Kloster ausdrücklich als Benediktinerinnenkonvent bezeichnet. Von Anfang an nahm das Kloster den Namen seines Patrons, Johannes der Täufer, an: einen Namen, den es noch heute führt.

Schon früh gehörte der Adel zu den Förderern des Klosters, dessen wirtschaftliche Entwicklung aber zunächst bescheiden blieb. Von Anfang an war das Kloster auf eine vergleichsweise geringe Größe des Konvents angelegt: Er kam nie über acht bis zehn Nonnen hinaus. Am Ende des 13. Jahrhunderts zerstörte ein verheerender Brand die Gebäude, für deren Wiederaufbau im ganzen Land Geld gesammelt werden mußte. Der schlechte bauliche Zustand der Gebäude soll nach einem Ablaßbrief von 1329 Ursache für Unregelmäßigkeiten im Konvent gewesen sein. Dazu kamen Schäden durch Sturm und Wasser: 1372 riß ein Sturm große Teile des Kirchendaches herunter, so daß die Kirche nicht mehr benutzbar war. Erst am Ende des 14. Jahrhundert verbesserte sich die wirtschaftliche Lage durch Übertragung des Patronats über die Kirche von Kahleby und die damit verbundenen hohen Einnahmen. Weitere Schenkungen im sogenannten „Schleidistrikt“ östlich des Haddebyer Noors, aber auch in Angeln, kamen bis zum Ende des 15. Jahrhunderts hinzu. 1487 brannte das Kloster erneut ab, die Nonnen mußten wiederum zum Kollektieren ausgesandt werden.

Die enge Bindung an den schleswig-holsteinischen Adel verhinderte eine Aufhebung des Klosters nach der Reformation und ermöglichte die Umwandlung in ein evangelisches Adeliges Damenstift auf der Grundlage der Kirchenordnung von 1542. Proteste der Nonnen sind nicht bekannt, vermutlich dadurch zu erklären, daß sich die Familien, denen die Nonnen entstammten, inzwischen auch zum neuen Glauben bekannt hatten. König Friedrich II. von Dänemark bestätigte 1566 die Privilegien des Klosters unter der Voraussetzung, daß die Kirchenordnung „ungekrencket" bleibe. Der Grundbesitz verblieb beim Kloster. Noch im 19. Jahrhundert umfaßte dieser über 6.500 ha mit 84 Bauernhöfen, vier Mühlen und 140 kleineren Landstellen: ein Besitz, der am Endes des 19. Jahrhunderts veräußert wurde.

Die Zahl der Damen ist auf 10 begrenzt, die Priörin eingeschlossen, von denen aber allein diese zur Zeit im Kloster lebt. Die Kirche ist Sitz der Subkommende des Johanniter-Ordens und dient seit 1959 auch der benachbarten Garnison.

Die Gründe für die Wahl des Standortes sind nicht bekannt. Er entsprach dem Brauch, Nonnenklöstern zum einen den Beistand durch eine benachbarte Siedlung zu gewährleisten, zum anderen auch die notwendige Weltabgeschiedenheit (Abb. 10, Vorsatz vorn).

Unter den schleswig-holsteinischen Klöstern vermittelt das St.-Johannis-Kloster am ehesten noch das Bild einer mittelalterlichen, geschlossenen Klausur (Abb. 21–22), obwohl die Kirche noch aus vorklösterlicher, große Teile der Klausur aus nachklösterlicher Zeit stammen und zusätzlich stark überformt sind. Ergänzt wird die Klausur durch eine Reihe von Gebäuden aus dem 17.–18. Jahrhundert im Klosterbezirk.

Die langgestreckte und einschiffige Kirche stammt im Kern aus dem 12. Jahrhundert und besteht aus Tuffsteinen mit Feldsteinkern. Romanisch sind auch der eingezogene Turm sowie die vermauerten Portale im Süden am Kreuzgang und im Norden sowie das mit skulptierten Kämpfern gestaltete Westportal aus Granit im nur bis zur Höhe des Schiffes aufgeführten und mit dem Kirchendach einheitlich überdeckten Turm. Das saalartige, ursprünglich flach gedeckte Schiff wird durch Kreuzrippengewölbe in vier querrechteckige Joche und ein quadratisches Chorjoch gegliedert. Der östliche Kastenchor stammt aus nachmittelalterlicher Zeit und wurde 1899 völlig erneuert. Ob der Chor ursprünglich in einer polygonalen Apsis endete, ist ungewiß.

Die Nonnen hatten ihren Platz auf einer Empore, der Zugang erfolgt aus der Nordwestecke des Kreuzgangs (Abb. 1). Nach der Reformation wurde der Chor in den östlichen Teil des Kirchenschiffs verlegt, das nunmehr durch ein spätgotisches Chorportal mit einer Kreuzgruppe – Corpus und Figuren von Maria und Johannes (Anfang des 16. Jahrhunderts) – in der Art eines Lettners vom Gottesdienstraum der Gemeinde getrennt wird (Abb. 23). Der Dachreiter stammt von 1907, einen älteren von um 1860 ersetzend (Abb. 22).

Von der vorreformatorischen Innenausstattung sind vor allem hervorzuheben ein 4,50 Meter hohes spätgotisches Sakramentshaus: ein zweigeschos-

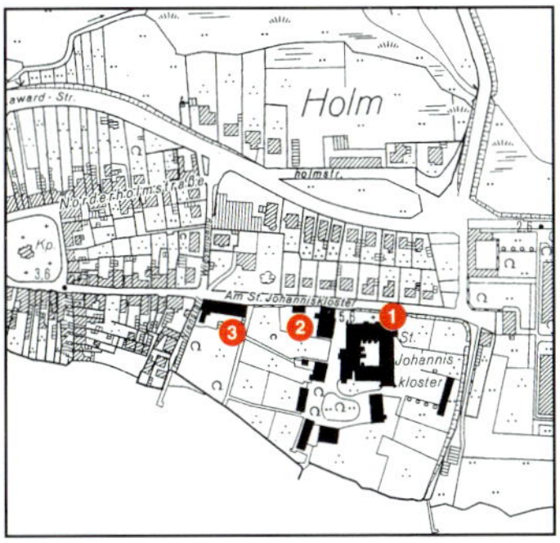

Abb. 20 St.-Johannis-Kloster Schleswig: Lageplan, M 1 : 10.000
1 Klosterkirche mit Klausur, 2 Probstenhaus, 3 Pastorat mit Wohnungen des Pastors, Kantors und Predigers; alle anderen geschwärzten Gebäude: Häuser der Konventualinnen und Nebengebäude

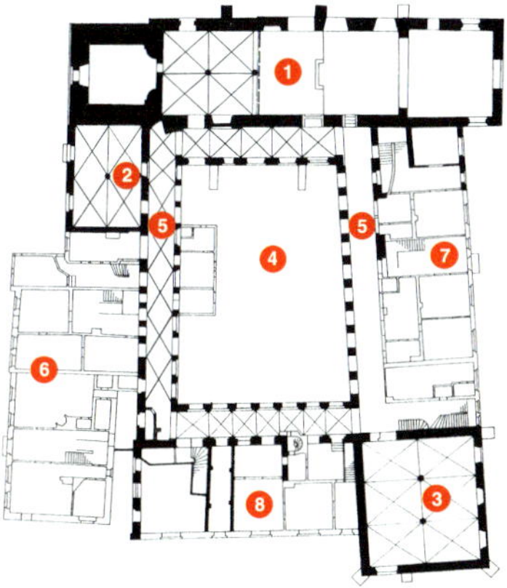

Abb. 21 St.-Johannis-Kloster Schleswig: Grundriß, M 1 : 1.000
Geschwärzte Bauteile aus vorreformatorischer Zeit: 1 Kirche, 2 Kapitelsaal, 3 Remter, 4 Kreuzhof, 5 Kreuzgang; aus nachreformatorischer Zeit: 6 Westflügel mit Wohn- und Amtshaus, 7 Ost- und 8 Südflügel, beide mit Wohnungen

siger Turmaufbau auf achteckiger Stütze mit Maßwerk, Fialen und hohem Spitzhelm aus der Mitte des 15. Jahrhunderts, aus späterer Zeit, dem 18. Jahrhundert, der barocke Damenchor mit den Logen der Priörin, der Konventualinnen und des Pastors. Die Chorwand der Kirche zieren Wappenschilder der Konventualinnen (weitere Wappenschilder im Remter).

Die Klausur entwickelt sich südlich der Kirche um einen rechteckigen, nicht ganz regelmäßig angelegten Kreuzhof mit vierflügeligem Kreuzgang, der im wesentlichen aus der Zeit nach dem Brand von 1487 stammt. Der Kreuzgang ist im Erdgeschoß mit Ausnahme des flach gedeckten Ostflügels mit Kreuzrippengewölben überwölbt (Abb. 1).

Die mittelalterlichen Gebäudeflügel sind durch Veränderungen der

Grundrisse für Wohnzwecke, Ersetzung ganzer Gebäudeteile (Südflügel: Wohnhaus und ehem. königliches Amtshaus) und Rekonstruktion des Ostflügels im 19. Jahrhundert weitestgehend überformt. Erhalten haben sich innerhalb der Klostergebäude zwei spätgotische Räume: am südöstlichen Ende des Ostflügels der Remter, neben dem Turm im Westflügel der Kapitelsaal.

Der Remter (Refektorium) ist ein zweischiffiger Saal mit drei Jochen und sechs Kreuzrippengewölben über zwei Rundpfeilern (Abb. 24). Obwohl erst Ende des 16. Jahrhunderts gebaut, dürfte dieser schon früher, d. h. mit Wiederaufbau des Klosters nach 1487 so geplant gewesen sein. Heute befindet sich hier das ursprünglich auf der Empore aufgestellte zehnsitzige Nonnenchorgestühl, in wesentlichen Teilen aus der Zeit um 1240 stammend: die hohen Endwangen mit frühgotischem Rankenwerk und Fabelwesen.

Der Kapitelsaal im Westflügel könnte an dieser Stelle angeordnet worden sein, weil von hier aus die Treppe zur Nonnenempore führte. Es handelt sich um einen rechteckigen stark überformten Raum mit vier Kreuzrippengewölben auf einem mittigen Pfeiler.

Anders als in den übrigen Damenstiften blieb die mittelalterliche Klausur in der ursprünglichen Kompaktheit erhalten, auch wenn Gebäudeteile vom 16. bis zum 19. Jahrhundert durch Neubauten ersetzt wurden. Zwei von drei den Westflügel bildenden Gebäuden, ein Wohnhaus von 1800 und das klösterliche Amtshaus von 1704, wahren den baulichen Zusammenhang mit der Klausur, das Amtshaus setzt sich dagegen etwa zwei Meter vom Kreuzgang ab.

Von den Bauten im Klostergelände sind beachtenswert: das Probstenhaus, ein eineinhalb Geschosse hohes, neunachsiges Breithaus mit übergiebeltem Mittelrisalit (Am St.-Johannis-Kloster 4, 1754); ein stark erneuertes Fachwerkhaus gegenüber dem Remter (Am St.-Johannis-Kloster 10, Ende 16. Jahrhundert); an der Straße das ehemalige Pastorat mit Wohnungen für Pastor, Kantor und Prediger, ein eingeschossiger Breitbau mit sechzehn Achsen und zwei flach vortretenden übergiebelten Risaliten (Am St.-Johannis-Kloster 2, 2a, und 2b, 1776). Die übrigen Gebäude stammen aus dem 17.–19. Jahrhundert.

Das Kloster war wie üblich ummauert: Von der mittelalterlichen Mauer haben sich nur geringe Reste nördlich der Kirche erhalten. Auf der dem Kloster zuwandten Seite ist die Mauer durch Blendnischen gegliedert. Die übrige Ummauerung stammt aus dem 17.–18. Jahrhundert.

Abb. 22 St.-Johannis-Kloster Schleswig: Kreuzhof mit Blick auf den Dachreiter der Kirche

Abb. 23 St.-Johannis-Kloster Schleswig: Kirchenschiff nach Osten gesehen mit spätgotischem Chorportal (Anfang des 16. Jahrhunderts)

Abb. 24 St.-Johannis-Kloster Schleswig: Remter mit Wappenschilden der adeligen Familien

Zum Klosterschatz gehören liturgische Geräte: zwei spätgotischen Kelche aus dem 15. Jahrhundert sowie Kelche, Humpen und Leuchter vom 16. bis 19. Jahrhundert. Von hohem kulturgeschichtlichen Wert ist das Tafelsilber aus dem Haus Goethe, denn nicht nur Augusta Louise Gräfin zu Stolberg-Stolberg unterhielt enge Beziehungen zum Dichter, sondern auch die Familie Pogwisch: Ottilie von Pogwisch war mit Goethes Sohn August verheiratet; durch Erbgang kam das Silber auf ihre Schwester, Ulrike von Pogwisch, Priörin bis 1875, die es dem Kloster vermachte.

3.1.2. Kloster Preetz

Die Erstgründung des Klosters erfolgte 1211 oder 1212 durch den Grafen Albrecht von Orlamünde, Statthalter über Holstein und Neffe des Schleswiger Herzogs und seit 1202 dänischen Königs Waldemar II.. Der Standort ist vermutlich bei der einige Jahre vorher gegründeten Pfarrkiche an der heutigen Kirchenstraße zu suchen oder an einem anderen nicht mehr bekannten Ort. Albrecht übereignete dem Kloster umfangreiche Ländereien und den Zehnten aus den Dörfern um Plön. 1230 war der Konvent in das heute nicht mehr bestehende Erpesvelde nahe Rönne, 4 km westlich von Preetz, verlegt worden, etwa ein Jahrzehnt später nach Lutterbek bei Laboe. In der Mitte des 13. Jahrhunderts erfolgte die Rückverlegung nach Preetz an seinen heutigen, an der Straße von Lübeck nach Kiel strategisch günstigen Standort.

Nachdem Graf Adolf IV. die Dänen überwunden und 1235 die Macht über Holstein zurück gewonnen hatte, erklärte er alle Schenkungen aus der Dänenzeit für nichtig und gründete das Kloster neu. Die dem Ritter Marquard von Stenwer, Gefolgsmann des Grafen Albrecht, abgenommenen Ländereien übereignete er dem Kloster und erweiterte die Grundherrschaft um das heute „Probstei“ genannte Gebiet nordöstlich der Kieler Förde. Das Kloster steht unter dem Patrozinium der Gottesmutter Maria. Eine Urkunde von 1244 bezeichnet es als „in campo beate Mariae“, ein Name, der sich aber nicht durchgesetzt hat.

Die ersten Klosterbauten entstanden unter Probst Johannes (1261–1275). Dazu gehörte auch eine zwischen 1268und 1280 erbaute Klosterkirche, nachdem man bis dahin die Pfarrkirche mitbenutzt hatte. 1307 zerstörte ein Feuer Kirche und Klausur völlig; der Wiederaufbau erfolgte 1325–1340 (Abb. 29).

Schon früh war der Zulauf adeliger Frauen groß, in einem Dokument von 1286 ist erstmalig von einer Priörin („priorissa“) die Rede. Offensichtlich mit großem Geschick mehrten die Nonnen das Grundeigentum durch Kauf, Stiftungen und Erbschaften. Durch Getreidelieferungen und Heeresfolge der Hintersassen zugunsten des Landesherrn gerieten die Nonnen während des

Abb. 25 Kloster Preetz: Lageplan, M 1 : 10.000
1 Klosterkirche, 2 ehem. Konventhaus, 3 Schulfräuleinhaus, 4 Haus der Priörin, 5 Probstenhaus, 6 sog. Beamtenhäuser für Prediger, Organist, Syndicus und Untervogt, 7 Haus des Klostervogts, 8 Torhaus, 9 Reventlou-Denkmal; alle anderen geschwärzten Gebäude: Häuser der Konventualinnen und Nebengebäude

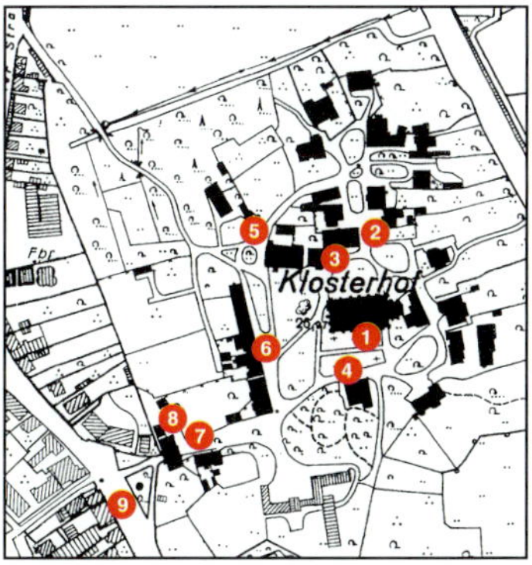

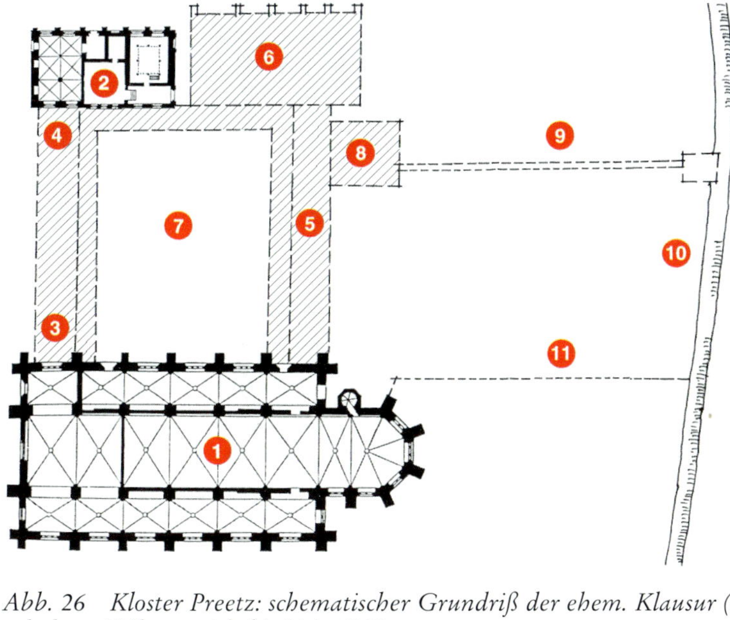

Abb. 26 Kloster Preetz: schematischer Grundriß der ehem. Klausur (nicht erhaltene Teile gestrichelt), M 1 : 1000
1 Kirche, 2 sog. Konventshaus, erhaltener, stark überformter Teil des Klausurnordflügels, Sommerrefektorium (?), heute Bibliothek, 3 Winterrefektorium (?), 4 Küche (?) 5. Kapitelsaal (?), 6 sog. Fallhäuser, 7 Kreuzhof mit Kreuzgang, 8 Badehaus, 9 Wassergraben, 10 Klostergraben, Abzweigung der Schwentine, 11 Badehof

Abb. 27 Kloster Preetz: Torhaus an der Kieler Straße

Abb. 28 Kloster Preetz: erhaltener Teil des Nordflügels der Klausur, davor Grünfläche anstelle des Kreuzhofes

25jährigen Krieges der Holsteiner mit dem dänischen Königs Erich von Pommern (1415–1440) dennoch in Existenznöte, ebenso angeblich durch die Lockerung der Sitten. 1437 verbot der Lübecker Bischof deshalb den Nonnen unter Androhung der Exkommunikation „allen Umgang mit Männern". Die Schule muß trotzdem einen guten Ruf gehabt haben, überliefert sind für das 15. Jahrhundert die Namen von Schülerinnen, die zumeist dem Adel oder Lübecker Patrizierfamilien entstammten.

Am Ende des 15. Jahrhunderts schloß sich der Konvent der Bursfelder Kongregation an, die vor allem die Rückkehr zur ursprünglichen benediktinischen Spriritualität verfolgte. Visitationen deckten mehrfach Mißstände auf, 1491 erging die Mahnung, unnütze Ausgaben zu vermeiden. Aus dieser Zeit stammt das „Buch im Chore" der Priörin Anna von Buchwald (1484–1508): pädagogisches Handbuch für das Leben im Kloster ebenso wie Wirtschaftsbuch. Die Priörin Anna setzte auch die Erneuerung der Gebäude in Gang: 1495 konnte ein Siechenhaus für 32 Personen fertiggestellt werden, nachdem es bis dahin lediglich eines für zwei Personen gab.

Bei der Landesteilung 1490 zwischen König Hans von Dänemark und Herzog Friedrich fiel das Kloster dem König zu. Bereits ab 1526 hat ein evangelischer Prediger im Kloster gepredigt. Seinen Status als Benediktinerinnenkonvent verlor das Kloster aber erst unter König Christian III. Nach Annahme der Kirchenordnung 1542 bestätigte dieser am 21. März 1542 die Rechte des Klosters mit der Auflage, daß die Kirchenordnung „ungekrencket" bleibe. Den Nonnen wurde freigestellt, das Kloster zu verlassen. Danach wurde das Kloster in ein evangelisches Adeliges Damenstift umgewandelt. Als Höchstzahl wurde einschließlich der Priörin 40 Konventualinnen festgesetzt.

Der zur Klausur gehörige Gebäudekomplex blieb zunächst erhalten, seine Nutzung ist aber nicht bekannt. Erst 1847 bis 1848 erfolgte der weitgehende Abbruch. Im 16.–18. Jahrhundert entstanden mehrere Einzelhäuser der Damen mit eigenem Hausstand sowie im 19. Jahrhundert die Häuser der Priörin und des Probstes sowie weitere Gebäude. Die Grundherrschaft blieb auch nach der Reformation bestehen und umfaßte bis 1867 über 22.000 ha. und endete erst 1928 mit der Auflösung des Gutsbezirks. 1950 brannten die Gebäude des Wirtschaftshofes ab.

Von der Erstanlage des Klosters vor dem Brand 1307 ist nichts erhalten, von den Klostergebäuden des 14.–15. Jahrhunderts nur ein Teil des Nordflügels, das heutige Haus Klosterhof 19, in dem das ehemalige Sommerrefektorium vermutet wird (Abb. 28). Das Gebäude beherbergt heute das Klosterarchiv und eine Bibliothek. Während das Archiv wertvolle Urkunden aus dem 12. und 13. Jahrhundert bewahrt, enthält die Bibliothek nachmittelalterliche Bestände. Es handelt sich um ein zweigeschossiges Traufenhaus, dessen Nordwand aus dem 15. Jahrhundert stammt, die übrigen Wände und Fenster sind neugotisch überformt; im Inneren hat sich ein Saal mit Kreuzrippengewölben auf Mittelstützen erhalten. Die Stellung dieses Gebäudes läßt auf Lage und Größe des Kreuzhofes schließen. Spätmittelalterliches Mauerwerk mit Resten von Segmentbogenfenstern hat sich in den Häusern Klosterhof 4 und 5 erhalten.

Kern der ehemaligen Klausur ist die gotische Kirche pseudobasilikalen Querschnitts mit drei Schiffen aus der Zeit von 1325 bis 1340. Das Mittelschiff endet in einem einjochigen Chor mit polygonalem 5/8-Schluss (Abb. 30). Die backsteinerne Kirche wird durch ein hohes, nach Westen halbabgewalmtes Satteldach überdeckt, der barocke Dachreiter ist eine Zutat von 1783. Das schlichte Äußere wird durch kräftige Stützpfeiler geprägt. Das nördliche Seitenschiff ist 1886–1889 vollständig in den alten Maßen erneuert worden.

Das Innere der Kirche wird bestimmt durch den hohen lichten Chor, in den das Mittelschiff mit seinen hohen, spitzbogigen Arkaden einmündet. Schmale Dienstbündel mit Laubwerkkapitellen tragen die Kreuzrippengewölbe. Die Mittelschiffswand wird oberhalb der Arkaden durch Blendfenster gegliedert. Der Nonnenchor in den drei östlichen Jochen des Mittel-

Abb. 29 Kloster Preetz: Klosterkirche, Westfront mit barockem Dachreiter

Abb. 30 Kloster Preetz: Chor der Klosterkirche

schiffs wird zusammen mit dem Chorjoch durch eine halbhohe Mauer gegen die als Laienkirche genutzten Seitenschiffe (Abb. 2) abgetrennt. Das Zusammenwirken von dämmrigem Nonnenchor und strahlendem Chorhaupt, dazwischen der barocke Altar von 1743, bewirkt einen theatralisch inszenierten Raumeindruck: „ein starker symbolischer Ausdruck für das ungeschaffene Licht [...], das das Dunkel der Finsternis überwindet" (Hein, S. 502).

Aus der Klosterzeit haben sich die wesentlichen Teile eines siebzigsitzigen Chorgestühls (Abb. 3) in Hufeisenform erhalten. Die gotischen Schnitzereien aus der zweiten Hälfte des 14. Jahrhunderts zeigen Maß- und Rankenwerk, kleine Figuren und Wappen, im Mittelfeld ein gemaltes spätgotisches Bild des Gnadenstuhls (Abb. 31).

Die übrige Ausstattung stammt aus nachreformatorischer Zeit, darunter der Altar mit spätbarockem Pfeiler-Säulenaufbau von Theodor Schlichting (1743), einen heute im Nationalmuseum Kopenhagen aufbewahrten spätgotischen Flügelaltar aus dem Umfeld des Hamburger Meisters Francke (um 1435) ersetzend, sowie das Orgelwerk aus dem 16.–18. Jahrhundert und das Chorgitter von 1738. Ein Hauptwerk des schleswig-holsteinischen Knorpelbarocks, ein aus Dänischenhagen nach Preetz versetzter Altar, ist nur frag-

Abb. 31 Kloster Preetz: Nonnenchor der Klosterkirche mit den barocken Logen der Stiftsdamen, dahinter geschnitze Baldachine über mittelalterlichen Wandmalereien

Abb. 32 Kloster Preetz: Haus der Priörin, Eingangsfront

mentarisch erhalten. Es handelt sich um einen dreiteiligen Aufbau mit bewegtem Umriss, gedrehten Säulen und Reliefbildern von Hans Gudewerdt d.J. (1656). Dem spätgotischen Chorgestühl ist zum Teil eine barocke Logenfront vorgeblendet, hier nahmen die Damen getrennt voneinander an den Gottesdiensten teil (um 1700) (Abb. 31).

In dem heute parkähnlichem Gelände befindet sich eine Reihe beachtenswerter Gebäude aus dem 16.–19. Jahrhundert, vor allem die Häuser der Konventualinnen. Die Gebäude sind teils aus Backstein, teils in Fachwerk- oder in Mischbauweise errichtet. An einigen haben sich barocke Türen, in anderen wie Klosterhof 11 auch die wertvolle Rokoko-Inneneinrichtung erhalten.

Formal hervorgehoben ist das Haus der Priörin von 1847 (Klosterhof 6): ein zweigeschossiger Putzbau mit flachem Satteldach und Dreiecksgiebeln mit Rankenwerk. Die geschlossene Nordseite wendet sich mit dem Portal zur Kirche und erinnert entfernt an die um 1800 in Hamburg-Altona geschaffenen klassizistischen Bauten von Christian Friedrich Hansen (Abb. 32). Das größte Gebäude ist das Probstenhaus (Klosterhof 8) von 1838–1839: ein dreigeschossiger Putzbau mit Stilmerkmalen toskanischer Frührenaissance.

Das Torhaus (Klosterhof 1) ist ein zweigeschossiger Breitbau und Torrisalit mit Pilastern, Korbbogenöffnung und flachem Dreiecksgiebel von 1737 (Abb. 32). Die zum heutigen Wirtschaftshof gehörenden Gebäude wurden zehn Jahre nach dem Brand von 1950 errichtet.

3.2. Ehemalige Zisterzienserinnenklöster

3.2.1. Kloster Itzehoe

Das Kloster geht auf eine Gründung des Grafen Adolf IV. in Ivenfleth an der Mündung der Stör in die Elbe zur Förderung des Landesausbaus in der Kremper Marsch zurück. Vermutlich wollte der Graf damit auch den Besitzanspruch an den reichen Elbmarschen gegenüber seinen Konkurrenten, dem Erzbischof von Bremen, dem Hamburger Domkapitel und dem holsteinischen Adel, unterstreichen. Die Wahl des Ortes hat sich jedoch als so ungeeignet erwiesen, daß der Konvent wegen wiederholter Überschwemmungen und Gefahr von Sturmfluten um Verlegung bat. Diese erfolgte 1256 ins nahe Itzehoe neben die seit dem 11. Jahrhundert bestehende Pfarrkirche St. Laurentii, deren Patronat auch auf das Kloster übertragen wurde. Eine Zustimmung des Bremer Erzbischofs erfolgte allerdings erst 1263: eine Verzögerung, die auf das gespannte Verhältnis zwischen der Geistlichkeit und den

Holsteiner Grafen zurückzuführen sein dürfte.

Das Kloster folgte zwar den Regeln der Zisterzienser, war aber ebenso wie die anderen Zisterzienserinnenklöster dem Gesamtorden nie inkorporiert. Das Kloster war deshalb der Jurisdiktion des Bremer Erzbischofs unterstellt, die geistliche Oberaufsicht führte das Hamburger Domkapitel.

Die wirtschaftliche Basis bildeten Schenkungen von Adeligen und eigene Aktivitäten. Schon im 13. Jahrhundert erwarb das Kloster Ackerland in der Umgebung, in Bünzen, Innien und Barbek, dazu kamen Schenkungen von Gütern in Dithmarschen durch die Familien Reventlow und Walstorp. Anfang des 15. Jahrhunderts zählte das Kloster Besitzungen in 67 holsteinischen Dörfern von Meimersdorf nahe Kiel bis Dithmarschen. Es gelang jedoch nie, diesen Streubesitz in einen geschlossenen Besitzkomplex zusammenzufassen. Grundbesitz erwarb das Kloster auch in der Stadt Itzehoe und deren Umgebung. 1549 sollen 40 Häuser und Buden innerhalb der Stadt in klösterlichem Eigentum gewesen sein, was später die Entwicklung der Stadt erheblich einengte.

Weder im 14. noch im 15. Jahrhundert hielten sich die Nonnen an das zisterziensische Gebot der Armut. Der Grund mag daran liegen, daß sich das Kloster wie die anderen Nonnenklöster auch zur Versorgungsanstalt unverheirateter adeliger Frauen und Töchter, die einen gewissen Lebensstil wahren wollten, entwickelt hatte. Bei Einführung der Reformation in der Stadt und im Kloster 1538 erklärten sich 41 Nonnen zum neuen Glauben, 13 hielten am alten Glauben fest. Erst nach einer längeren Auseinandersetzung fügte sich der Konvent den Anweisungen König Christians III. von Dänemark und führte die evangelische Kirchenordnung ein.

Das 1541 gebildete evangelische Adelige Damenstift behielt eine Reihe von tradierten Einrichtungen und Regeln. Auch die Klosterökonomie blieb

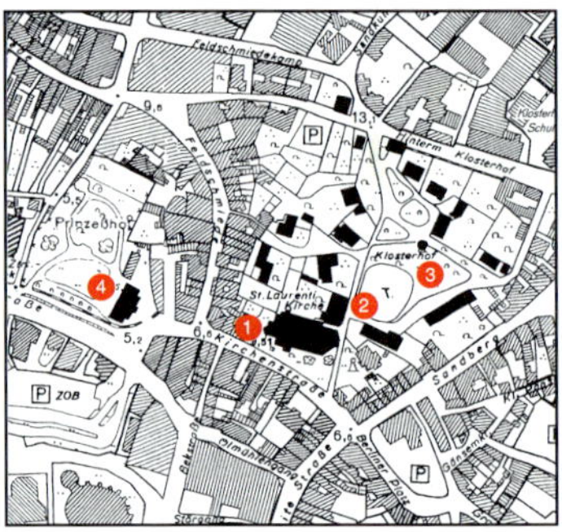

Abb. 33 Kloster Itzehoe: Lageplan, M 1 : 10.000
1 Kirche St. Laurentii mit Nordflügel des Kreuzgangs, 2 Haus der Äbtissin anstelle des Klosterostflügels, 3 Denkmal für Prinzessin Juliane von Hessen, Äbtissin 1810–1860, 4 Prinzeßhof, im 18. und 19. Jahrhundert Wohn- und Amtssitz der Äbtissin; alle anderen geschwärzten Gebäude: Häuser der Konventualinnen und Wirtschaftsgebäude

Abb. 34 Kloster Itzehoe: Blick über den Teich im Klosterhof auf die Kirche St. Laurentii und das Äbtissinnenhaus

Abb. 35 Kloster Itzehoe: Äbtissinnenhaus, Ende des 17. Jahrhunderts, rechts Anbau 1723

weitestgehend erhalten. Bis weit ins 20. Jahrhundert verfügte das Kloster über eine Reihe von Sonderrechten, die Eingemeindung des Klosterbezirks in die Stadt erfolgte endgültig erst 1935/36. Die wichtigste Tätigkeit der Konventualinnen besteht in der Unterstützung wohltätiger Stiftungen. Heute zählt das Kloster 10 Konventualinnen, von denen allerdings nur noch die Äbtissin im Kloster selbst lebt.

Die Baugeschichte des mittelalterlichen Klosters liegt weitestgehend im dunkeln, da durch einen ersten Brand 1556 große Teile der Klausur, die Kirche und die verbliebenen Klosterbauten 1657 zerstört worden sind. Das 1156 von Ivenfleth nach Itzehoe verlegte Kloster wurde neben der bestehenden 1197 erstmalig belegten Pfarrkirche errichtet (Abb. 33). Die einzige überlieferte Abbildung der Kirche in der Stadtansicht von Braun/Hogenberg zeigt, daß der Klosterbezirk wie üblich am Rande der Siedlung lag (Abb. 9). Erst später wurde das Kloster durch die Stadt allseitig umschlossen.

Die Kirche gibt sich als einen Bau mit zwei parallelen Satteldächern, das nördliche mit einem flachen Abschluß, das südliche mit einer polygonalen Apsis, zu erkennen. Aus Verhandlungen der Stadt und des Klosters über den Wiederaufbau der im 17. Jahrhundert zerstörten Kirche geht hervor, daß die Kirche einen Nord- und Südteil hatte und daß statt der Gewölbe eine Holz-

Abb. 36 Kloster Itzehoe: Haus einer Konventualin, 1. Hälfte 19. Jahrhundert

decke eingezogen worden war. Der südliche Teil der Kirche könnte deshalb der Ursprungsbau gewesen sein, der nördliche eine Erweiterung aus Anlaß der Klostergründung. Der flach ausgebildete Chor hätte dem Bauprogramm der Zisterzienser entsprochen. Bettina Gnekow nimmt an, daß möglicherweise die Absicht bestand, die Kirche durch ein weiteres drittes Schiff zu vergrößern. Vermutlich hatten die Nonnen von Anbeginn an ihren Platz auf einer Empore. Abweichend von den zisterziensischen Bauregeln hatte die Pfarrkirche einen polygonalen Turm (Abb. 9), der später durch einen historistischen ersetzt wurde (Abb. 34).

Die Klosterbauten schlossen sich unmittelbar an den Nordteil der Kirche an. Ein älterer Plan zeigt, daß drei Gebäudeflügel einen Kreuzhof mit Kreuzgang umstanden. Die Anordnung der Räume ist nicht bekannt. Als sicher kann jedoch gelten, daß sich das Refektorium im Ostflügel befunden hat und als Baukörper deutlich vor die übrigen Gebäude nach Norden schob. Auch soll es einen Wärmeraum gegeben haben, was 1455 durch eine Stiftung von Brennholz durch den Ritter Johann von Ahlefeldt belegt ist. Vermutlich gab es zwei Herbergen für hochgestellte Besucher. Von den mittelalterlichen Bauten hat sich lediglich ein Flügel des gotischen Kreuzgangs in Anlehnung an die Kirche erhalten. Der siebenjochige Kreuzgang (Schutzumschlag) ist mit einfachen Kreuzrippengewölben überdeckt und mehrfach, zuletzt 1909, erneuert worden. Aufgestellt sind hier mehrere Epitaphien von Äbtissinen und weitere Grabsteine aus Sandstein.

Ob und wie die mittelalterlichen Gebäude nach Umwandlung des Klosters in ein Damenstift genutzt und baulich verändert worden sind, ist nicht bekannt. 1556 brannten große Teile der Klausur ab, mindestens der Ost- und Nordflügel. Nach weiteren Zerstörungen während des Nordischen Kriegs 1657 wurde die Kirche povisorisch wieder hergerichtet. Das Gemeinschaftsleben scheint zu diesem Zeitpunkt jedoch bereits nahezu oder ganz erloschen gewesen zu sein. Schon vorher hatten sich sechs Konventualinnen in eigenen Häusern auf dem Klosterhof eingerichtet, andere wohnten außerhalb. Mit Hilfe König Friedrichs IV. entstand 1696 das Äbtissinnenhaus (Abb. 35): ein zweigeschossiger Fachwerkbau mit hohem Walmdach etwa dort, wo der Ostflügel des Klaustrums gestanden hatte. In einem 1723 erstellten Anbau ist ein Festsaal mit Rokokostuck erhalten geblieben.

Die Kirche wurde 1716–1718 durch einen barocken Neubau ersetzt: ein großer und längsgerichteter Saalbau mit sechs Jochen, polygonalem 3/8-Schluß und Holztonnenwölbung. Der Saal wurde allseitig von Emporen umgeben, im Westen mit der sogenannten abgerundeten „Äbtissinnenempore" (Abb. 37), auf der die Nonnen ihren Platz hatten, zugänglich vom Kreuzgang über eine eigene Treppe. Die Stirnfront der verglasten Äbtissinnenempore wird durch einen bekrönten Wappenschmuck akzentuiert. Darüber befindet sich die Orgelempore mit einer Orgel von Arp Schnitger. Die durch die umlaufenden Emporen geprägte Einheitlichkeit des barocken Kirchensaales wurde allerdings 1961 durch die Entfernung der Ostempore und Verlegung der Kanzel aus der Ost-West-Achse (Altar-Kanzel-Orgel) zugunsten eines gerichteten Raumes bei gleichzeitiger Hervorhebung des Altars erheblich beeinträchtigt.

Im 18. und 19. Jahrhundert entstanden einige weitere Häuser für Konventualinnen im Stile der Zeit: eingeschossige Fachwerkhäuser und Putzbauten mit Sattel- oder Walmdach ohne besonderen gestalterischen Aufwand (Abb. 36).

Ab 1810 stellte die Ritterschaft den Äbtissinnen den Prinzeßhof als repräsentativen Wohnsitz zur Verfügung. Der Prinzeßhof, 1556 erstmals erwähnt, war zunächst ein vom Kloster verlehnter Adelssitz und diente später als Amtssitz der Steinburger Amtmänner. In seiner heutigen Erscheinungsform handelt es sich um einen zwischen 1753 und 1783 umgebauten zweigeschossigen Backsteinbreitbau mit vorspringendem fünfachsigen Mittelteil zwischen flachen Flügelanbauten und hohem Walmdach. Das Sandsteinportal mit ionischen Säulen und figürlichem Schmuck auf dem Abschlußgesims stammt noch aus dem 17. Jahrhundert. Das bis 1941 bewohnte Haus wird seit 1958 als Heimatmuseum des Kreises Steinburg genutzt. Der Klosterhof

Abb. 37 Kirche St. Laurentii Itzehoe: Empore der Stiftsdamen und Orgel

Abb. 38 Kloster Itzehoe: gusseisernes Denkmal für Prinzessin Juliane von Hessen, Äbtissin 1810-1860

wurde im 19. Jahrhundert landschaftlich gestaltet und durch ein gußeisernes Denkmal in Form einer gotischen Monumentalfiale für Prinzessin Juliane von Hessen, Äbtissin von 1810 bis 1860, pointiert (Abb. 38).

In den letzten Jahren des ausgehenden 19. Jahrhunderts erfolgte wiederum eine umfassende Erneuerung der Kirche nach Plänen von Johannes Otzen, insbesondere des stadtbildbeherrschenden Turmes, bekrönt durch einen vielgliedrigem Oberbau mit einer Mischung gotischer und barocker Elemente (Abb. 34).

3.2.2. Kloster Uetersen

Die Klostergründung ist auf die Zeit um 1234/35 zu datieren. In einer Stiftungsurkunde wird Heinrich II. von Barmstede als Gründer genannt. Demnach ließ dieser zwölf Nonnen und die erste Priörin Elysabet aus dem Kloster Reinbek in einer seiner Burgen (die zweite südwestlich des Klosterhofes an der Pinnau) ansiedeln. Die Gründungsklausur umfaßte somit vermutlich die ursprünglichen Befestigungen, die späteren Bauten entstanden unmittelbar daneben. Das Kloster unterstand dem Patrozinium der Mutter Maria, der Apostel Johannes und Bartholomäus sowie des Heiligen Kreuzes.

Der Konvent folgte den Regeln des Zisterzienserordens, war diesem aber nie inkorporiert. Er unterstand der geistlichen Aufsicht des Erzbischofs von Bremen bzw. des Hamburger Domkapitels. Heinrichs Vermächtnis von 1240, Ländereien, Steinbruch, Ziegelei, Fischerei und Mühlen umfassend, sicherte dem Kloster die notwendige wirtschaftliche Unabhängigkeit. Das Kloster gelangte später zu wirtschaftlicher Blüte; urkundlich belegt ist sogar die Pferdezucht.

Die Kirche, in der auch der Stifter des Klosters begraben lag, wurde 1240 fertiggestellt und diente zugleich als Pfarrkirche des sich um den Klosterhof entwickelnden Fleckens Uetersen, der der Obrigkeit des Klosters unterstand. 1424 brannte das Kloster völlig ab. Um dem Wiederaufbau finanziell zu sichern, wurden 1428 dem Kloster die Kirchen von Elmshorn und Seester sowie deren Einkünfte zugesprochen. Zu Ende des 15. Jahrhunderts häuften sich die Klagen über Disziplinlosigkeit, was den Erzbischof von Bremen 1498 zu einer Visitation veranlaßte. Folgen hatte das offenbar nicht, denn 1505 ermahnte er Probst und Priörin erneut, mit allen Mitteln die Klosterzucht wieder herzustellen.

Die Reformation setzte sich gegen den erbitterten Widerstand der Nonnen erst 1555 endgültig durch, nachdem der König Christian III. persönlich in das Geschehen eingegriffen und das Kloster aufzuheben gedroht hatte. Den Frauen stand es frei zu heiraten, das Kloster zu verlassen oder als Konven-

Abb. 39 Kloster Uetersen: Haus der Priörin im Anschluß an den Südflügel

tualin weiterhin in Uetersen zu bleiben. Das Kloster wurde zum Adeligen Damenstift umgewandelt.

Die Geschichte des Damenstiftes ist nur teilweise nachvollziehbar. Trotz der rechtlich bedeutsamen Veränderungen blieb das Kloster bis weit ins 19. Jahrhundert mit Verwaltung und Rechtsprechung für das Gemeinwesen Uetersen und der ihm zugehörenden Dörfer und Höfe betraut. Das Verhältnis von Priörin und Probst war nicht ungetrübt und gab immer wieder Anlaß zu Streitereien und gerichtlichen Auseinandersetzungen. Zur Bezahlung von Gerichtskosten sah sich schließlich die Priörin Ulrica von Dewitz 1787 veranlaßt, sogar den aus dem Mittelalter überkommenen wertvollen Klosterschatz nach Gewicht zu verschleudern.

Wann die Zahl der Nonnen bzw. Konventualinnen von vermutlich 40 auf 15 beschränkt wurde, ist ebensowenig bekannt wie die Aufgabe des gemeinschaftlichen Wohnens. Bereits Mitte des 17. Jahrhunderts verfügten die Damen über jeweils eigene Haushalte mit standesgemäßer Bedienung. Zunächst wurden die mittelalterlichen Klosterbauten in eine Art Reihenhäuser mit sich jeweils über mehrere Geschosse erstreckenden Wohnungen umgebaut. Der dem Dreißigjährigen Krieg folgende Nordische Krieg führte 1657 zur Zerstörung des Ostflügels durch schwedische Truppen. 1664 entstand im An-

Abb. 40 *Kloster Uetersen: Probstenhaus*

schluß an den Südflügel als Anbau das Haus der Priörin. Der schlechte Zustand der anderen Baulichkeiten gab in den folgenden Jahren Anlaß, den Konventualinnen zu gestatten, sich im Flecken Uetersen niederzulassen. Um die Damen jedoch wieder verstärkt an das Kloster zu binden, wurde es diesen etwa ab 1760 erlaubt, sich auch innerhalb der Klostermauern eigene Häuser zu errichten.

Im 18. Jahrhundert war die Kirche für die gewachsene Gemeinde zu klein geworden. 1749 erfolgte deshalb der Abbruch der alten Kirche, die zunächst in den Neubau hatte einbezogen werden sollen. Eine hierfür angefertigte Bauaufnahme überliefert als einziges Dokument das Aussehen der Kirche und des angrenzenden, nicht erhaltenen Westflügels. Wegen einer Reihe von Gründungsschwierigkeiten entstand die neue Kirche aber „separiert", d. h. nur wenige Meter nördlich der alten und um einige Meter höher (Abb. 43). Dabei entstand für die Konventualinnen eine eigene Empore. 1813 erfolgte der Abbruch des Westflügels wegen Baufälligkeit. Damit ging die ursprüngliche Geschlossenheit der Klosterbauten endgültig verloren. 1873 entstand als letztes Gebäude das Präbendenhaus in der Nachfolge eines nicht mehr vorhandenen Armenhauses hinter dem Vorwerk, getragen von der Armenstiftung der Priörin Anna Emerentia von Reventlow, zur Aufnahme von

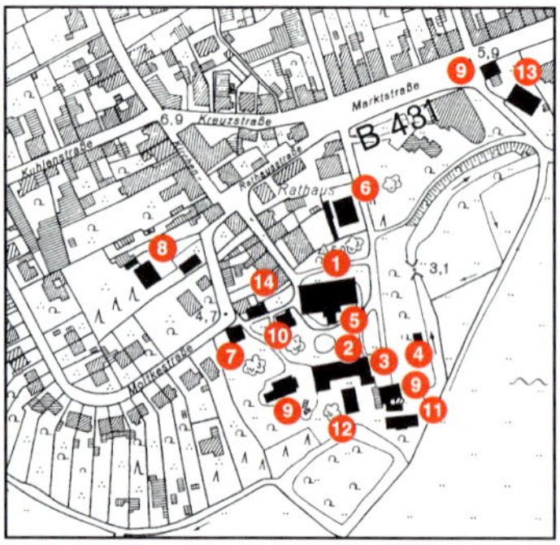

Abb. 41 *Kloster Uetersen: Lageplan, M 1 : 10.000*
1 Kirche, 2 Südflügel, 3 Haus der Priörin, 4 Garten der Priörin mit Teehaus, 5 Friedhof, ehem. Kreuzhof, 6 Probstenhaus, 7 Haus des Klostersyndicus, 8 Klosterpastorat, 9 Häuser der Konventualinnen, 10 Haus, in dem die Konventualin Augusta Louise Gräfin zu Stolberg-Stolberg zeitweilig lebte, 11 Präbendenstift, 12 Scheune der Priörin, 13 Klösterliches Vorwerk, 14 Wohnhaus für Klosterbedienstete

nicht mehr arbeitsfähigen Klosterbediensteten, aber auch von anderen Bedürftigen.

Einen Einblick in das Leben der Konventualinnen im 18. Jahrhundert gibt das Kapitel über Augusta Louise Gräfin zu Stolberg-Stolberg. Demnach hatte das Adelige Damenstift bereits im 18. Jahrhundert seine Bedeutung und Aufgabe als geistliche Institution weitestgehend aufgegeben. Der heutige Konvent besteht aus der Priörin und sieben Konventualinnen, die im Kloster jedoch selbst nicht wohnen.

Der Standort des Klosters wurde durch die Übertragung der Burg Heinrichs II. von Barmstede bestimmt, die sich in strategisch günstiger Lage auf einem Geestsporn zwischen Elbmarsch und Pinnauniederung befand. Nahebei trafen sich zwei wichtige Straßen: ein Seitenweg des Nord-Süd-Heerweges von Jütland nach Hamburg und ein zur Wedeler Elbfähre führender Weg. Für die weitere Siedlungsentwicklung bildete das Kloster den räumlichen Ausgangspunkt. Eine noch heute im Kataster erkennbare dreieckige Fläche südlich der heutigen Marktstraße war ursprünglich unbebaut und bildete den kommerziellen Mittelpunkt des 1870 zur Stadt erhobenen Fleckens (Abb. 41).

Die baulichen Reste des Klosters und eine Reihe von Dokumenten erlauben ein verhältnismäßig verläßliches Bild der mittelalterlichen Klosteranlage: Kern der Anlage war die Kirche, eine flach gedeckte Saalkirche von etwa 40 m Länge und 9,70 m lichter Weite sowie einem um Mauerstärke eingezogenen Rechteckchor, der zwei Drittel der Schiffslänge erreichte. Die Nonnen hatten ihren Platz auf einer Empore im westlichen Teil der Kirche.

Den südlich der Kirche gelegenen Kreuzhof umstanden drei Gebäudeflügel, deren Raumaufteilung jedoch nur teilweise geklärt werden konnte. Als sicher gilt die Anordnung des Dormitoriums im Ostflügel in Verbindung mit dem Chor. Die Priörin wohnte im Südflügel, wo eine eigene Küche nachgewiesen

Abb. 42 Kloster Uetersen: Schematischer Grundriss, M 1 : 1000, der aktuelle Baubestand dunkelrot, verlorene Bauten hellrot, 1 mittelalterliche Kirche, 2 erhaltene Reste der Kirchensüdwand, 3 Westflügel, 4 Ostflügel, 5 Kreuzhof, heute Friedhof, 6 Kreuzgang, 7 erhaltener Südflügel des Kreuzgangs, 8 Südflügel, 9 vermutlich Siechenhaus, 10 Haus der Priörin, 11 Pfarr- und Stiftskirche

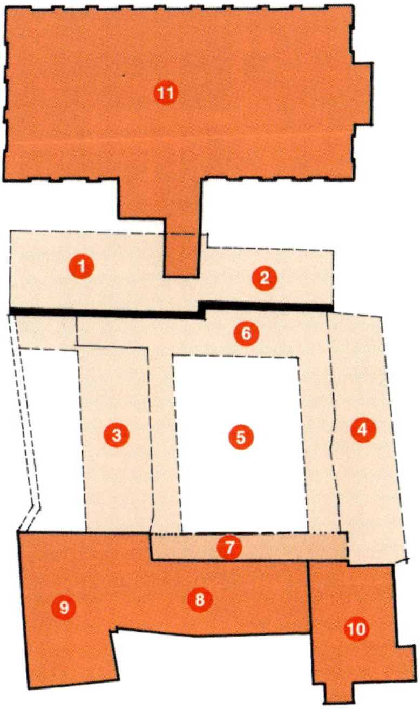

werden konnte. Der Kreuzhof war von einem in die Gebäude eingezogenen Kreuzgang dreiseitig umschlossen, dessen Breite von 3,92 m im Grundriß des Südflügels nachweisbar ist. Der sich aus der geringen Zahl der Nonnen ergebende Raumbedarf ließ einen recht kompakten Gebäudekomplex entstehen, dessen Geschlossenheit durch die gleichhohen Dächer aller Gebäudeflügel betont wurde. Über diese ragte allein das Dach der Kirche mit einer Firsthöhe von knapp 17 Metern, vermutlich bekrönt durch einen Dachreiter. Die Wirtschaftsgebäude werden südlich, nordöstlich und westlich des Klaustrums vermutet, der Garten im Osten. Der Verlauf der Klostermauer ist nicht bekannt (Abb. 42).

Vom mittelalterlichem Kloster sind nur noch Reste erkennbar. Die Südmauer der 1748 abgerissenen Klosterkirche ist bis zu einer Höhe von etwa 2 m erhalten (Abb. 43) und begrenzt den Klosterfriedhof gegenüber dem höher gelegenen Kirchengelände.

Der Südflügel, das „Amtshaus“ der Priörin, läßt die Arkaden des ehemaligen eingezogenen Kreuzgangs erkennen, auch wenn diese nahezu ganz

Abb. 43 Kloster Uetersen: Erhaltener Mauerrest der mittelalterlichen Kirche, im Hintergrund die barocke Pfarr- und Stiftskirche

Abb. 44 Kloster Uetersen: Landschaftlich gestalteter Klosterbezirk mit barocker Pfarr- und Stiftskirche

Abb. 45 *Kloster Uetersen: Südflügel der ehemaligen Klausur, links Mauervorlage des nicht mehr vorhandenen Ostflügels*

geschlossen sind und den Anschein von Blendbögen erwecken (Abb. 45). Daß die Bögen ursprünglich offen waren, ist mit Blick auf die Witterungsverhältnisse allerdings ziemlich unwahrscheinlich, vielmehr ist anzunehmen, daß diese teilweise geschlossen waren (vgl. St.-Johannis-Kloster in Schleswig) (Abb. 22) oder Stabwerk aufwiesen. Ein markanter Mauervorsprung an der nordöstlichen Ecke des Südflügels läßt erkennen, wo der Ostflügel ansetzte.

Von der mittelalterlichen Ausstattung haben sich nur wenige Objekte erhalten wie die zwei im Landesmuseum Schloß Gottorf aufbewahrten Abendmahlkelche aus dem ausgehendem 15. bzw. beginnenden 16. Jahrhundert. Bei letzterem handelt es um ein für die Gold- und Silberschmiedekunst Hamburgs um 1500 außerordentlich bedeutendes Objekt: einen Goldkelch von etwa 19 cm Höhe, besetzt mit Edelsteinen in besonders reicher und sorgfältiger Ausarbeitung. Der Kelch ist kunsthistorisch von besonderem Interesse, weil er das früheste Werk ist, das einem bestimmten Goldschmied, dem Hamburger Hinrik Rentzel, zuzuordnen ist (Abb. 16). Eine Inschrift auf der Unterseite des Standrings überliefert das Jahr der Schenkung und die Namen der fürstlichen Stifter: 1504, Probst Johannes Schauenburg und sein Bruder

Abb. 46 Ev. Pfarr- und Stiftskirche Uetersen, Nordseite des barocken Neubaus

Hinrik, die damaligen aus einer Nebenlinie der Grafen von Holstein-Schauenburg stammenden Landesherren über Uetersen.

Die nachmittelalterlichen Neubauten setzen sich deutlich von den älteren Bauten ab und folgen der auch bei den anderen Adeligen Damenstiften charakteristischen Tendenz, von der Kompaktheit der Klausur zu einer freieren Gruppierung von Einzelgebäuden zu kommen. Das Haus der Priörin (Abb. 39), der erste Bau nach den Zerstörungen von 1657, lehnt sich noch an den Südflügel an. Es handelt sich um einen Backsteinbau mit Fachwerkgiebel und hohem steilen Dach. Weitere Konventualinnenhäuser des 18. und 19. Jahrhunderts sind teils als Backstein-, teils als Fachwerkhäuser ohne besonderen Aufwand errichtet. Bemerkenswert ist das anspruchsvolle Haus des Probstes (Abb. 40). Der siebenachsige Putzbau von 1734 mit flachübergiebeltem und dreiachsigem Frontispiz und flachem Walmdach von 1839 entspricht in vielem gleichzeitigen Herrenhäusern Holsteins und macht die formalen Vorstellungen der aus Landadel stammenden Pröbste anschaulich. Der noble Charakter wird durch zwei kurze Zungenmauern, die einen kleinen Ehrenhof abgrenzen, und eine axiale Freitreppe unterstrichen.

Die Kirche, 1748/49 von Jasper Carstens und Otto Johannes Müller errichtet, ist ein Saalkirche mit neun Achsen, überdeckt durch ein steiles Muldengewölbe mit illusionistischer Deckenmalerei, darüber ein hohes Mansardwalmdach. Der halb eingebundene quadratische Turm hat ein durch eine Laterne bekröntes Zeltdach (Abb. 44). Im Inneren sind zum einen der Altaraufbau mit dem Übereinander von Kanzel, Altar und Orgel, wie er auch in anderen holsteinischen Barockkirchen vorkommt, zum anderen die dreiseitig umlaufenden Emporen bemerkenswert. Auf der westlichen zweiachsigen Empore, über dem Portal, befindet sich der Fräuleinchor, zu dem die Konventualinnen über einen Anbau an der Südseite der Kirche, einen Korridor und eine kleine Treppe gelangten, ohne sich unter die Gemeindemitglieder mischen zu müssen.

Das backsteinsichtige Äußere der Kirche wird durch Eckrustika, Pilaster mit eingetieften Blendenbahnen und hohe Korbbogenfenster straff gegliedert. Die Nordseite (Abb. 46) ist als Schauseite ausgebildet und durch ein sandsteinernes Rokokoportal mit Bauinschrift und Monogramm Friedrichs V. im Türsturz, darüber einem vasenhaltendes Puttenpaar, akzentuiert.

Im ehemaligen Kreuzhof erstreckt sich heute der Klosterfriedhof, Begräbnisstätte der Klosterangehörigen mit einer Reihe von Grabmälern des 15.–19. Jahrhunderts. Der ehemalige Garten der Priörin ist Ende des 18./Anfang des 19. Jahrhundert unter Einbeziehung des mittelalterlichen Burggrabens in einen englischen Park umgewandelt worden. Der landschaftliche Charakter wird durch einen Pavillon in Form eines dorischen Vorhallentempels (Abb. 47) und eine kleine hölzerne Bogenbrücke unterstrichen.

Abb. 47 Kloster Uetersen: Garten der Priörin mit Gartenhaus

Abb. 48 Mühlstein der ehemals zum Kloster Uetersen gehörigen Klostermühle Uetersen

Literatur

Allgemeines über mittelalterliche Klöster und Orden sowie Kulturgeschichte

Brooke, Christopher: Die Klöster. Geist, Kultur, Geschichte, Freiburg 2001

Dinzelmacher, Peter, und James Lester Hogg (Hg.): Kulturgeschichte der christlichen Orden, Stuttgart 1997

Gleba, Gudrun: Klöster und Orden im Mittelalter, Darmstadt 2002

Hill, Thomas: Könige, Fürsten und Klöster; Studien zu den dänischen Klostergründungen des 12. Jahrhunderts, Frankfurt a. M. 1992 (Kieler Werkstücke, Reihe A: Beiträge zur schleswig-holsteinischen Geschichte, Bd. 4)

Kintzinger, Martin: Wissen wird Macht. Bildung im Mittelalter, Ostfildern 2003

Geschichte der Adligen Damenstifte

Andermann, Kurt (Hg.): Geistliches Leben und standesgemäßes Auskommen. Adlige Damenstifte in Vergangenheit und Gegenwart. Tübingen 1998 (Kraichtaler Kolloquien, Bd. 1)

Staab, Franz: Standesgemäße Lebensform und Frauenfrömmigkeit. Bemerkungen zu einem Langzeitphänomen. In: Andermann, S. 147–161

Geschichte Schleswig-Holsteins

Degn, Christian: Schleswig-Holstein, eine Landesgeschichte. Historischer Atlas, 2. Aufl., Neumünster 1995

Lange, Ulrich (Hg.): Geschichte Schleswig-Holsteins. Von den Anfängen bis zur Gegenwart, 2. Aufl., Neumünster 2003

Fuhrmann, Kai: Die Ritterschaft als politische Korporation in den Herzogtümern Schleswig und Holstein von 1460 bis 1721, Kiel 2002 (Geschichte der schleswig-holsteinischen Ritterschaft, Bd. 2)

Bau- und Kunstgeschichte

Die *Bau- und Kunstdenkmäler in der Provinz Schleswig-Holstein* mit Einschluß benachbarter Gebiete und Landschaften, von Richard Haupt

– Bd. 5: Geschichte und Art der Baukunst im Herzogtum Schleswig, Heide i. H. 1924

– Bd. 6: Geschichte und Art der Baukunst in Nordelbingen in den Herzogtümern Holstein und Lauenburg sowie den Fürstentümern Lübeck und Ratzeburg, Heide i. H. 1925

Binding, Günther, und Matthias Untermann: Kleine Geschichte der mittelalterlichen Ordensbaukunst in Deutschland, 3. Aufl., Darmstadt 2001

Böker, Hans Josef: Die mittelalterliche Backsteinarchitektur Norddeutschlands, Darmstadt 1988

Braunfels, Wolfgang: Abendländische Klosterbaukunst, 2. Aufl., Köln 1976

Dehio, Georg: Handbuch der Deutschen Kunstdenkmäler: Hamburg, Schleswig-Holstein. Bearb. von Johannes Habich, Christoph Timm und Lutz Wilde, 2. Aufl., München u. Berlin 1994

Glauben. Nordelbiens Schätze 800–2000. Katalog zur Ausstellung im Rantzaubau des Kieler Schlosses vom 30. April bis 30. Juli 2000, hg. von Johannes Schilling, Neumünster 2000

Gnekow, Bettina: Der mittelalterliche Kirchenbau in Holstein 1150–1300, Hamburg 1994

Kunst-Topographie Schleswig-Holstein. Bearb. im Landesamt für Denkmalpflege Schleswig-Holstein und im Amt für Denkmalpflege der Hansestadt Lübeck, 5. Aufl., Neumünster 1982
Leistikow, Martin: Mittelalterliche Hospitalbauten in Norddeutschland. In: Stadt im Wandel. Kunst und Kultur des Bürgertums in Norddeutschland 1150–1650. Katalog der Landesausstellung Niedersachsen 1985, hg. von Cord Meckseper, Bd. 4, Stuttgart 1985
Rumohr, Henning von: Dome, Kirchen und Klöster in Schleswig-Holstein und Hamburg. Frankfurt a. M. 1962
Schloss Gottorf und seine Sammlungen. Neue Bilderhefte: Mittelalter. Bearb. von Paul Zubek und Heinz Spielmann, Schleswig 1994
Ullmann, Ernst: Gotik. Deutsche Baukunst 1200–1550, Leipzig 1994

Benediktiner und Zisterzienser
Germania Benedictina. Hg. von der Bayerischen Benediktinerakademie München in Verbindung mit dem Abt-Herwegen-Institut Maria Laach, St. Ottilien 1970 ff.
– Bd. 11: Die Frauenklöster in Niedersachsen, Schleswig-Holstein und Bremen. Bearb. von Ulrich Faust, München 1984
– Bd. 12: Die Männer- und Frauenklöster der Zisterzienser in Niedersachsen, Schleswig-Holstein und Hamburg. Bearb. von Ulrich Faust, 1994
Die Regeln des hl. Benedikts: Hg. im Auftrage der Salzburger Äbtekonferenz, 6. Aufl., Beuron 1990
Pfister, Peter (Hg.): Klosterführer aller Zisterzienserklöster im deutschsprachigen Raum, 2. Aufl., Lindenberg 1988

Zum Alltag der Nonnen bzw. Konventualinnen
Dose, Hanna: Evangelischer Klosteralltag; Leben in Lüneburger Frauenkonventen 1590–1710 untersucht am Beispiel Ebstorf, Hannover 1994 (Veröffentlichung der Historischen Kommission für Niedersachsen und Bremen, 35. – Quellen zur allgemeinen Geschichte Niedersachsens in der Neuzeit, Bd. 12)
Gleba, Gudrun: Klosterleben im Mittelalter. Darmstadt 2004
Urbanski, Silke: Geschichte des Klosters Harvestehude „In valle virginum". Annäherung an die wirtschaftliche, soziale und religiöse Entwicklung eines Nonnenklosters bei Hamburg (1245–1530), 2. Aufl., Hamburg 2001 (Veröffentlichungen des Hamburger Arbeitskreises für Regionalgeschichte [HAR], Bd. 10)
Wilts, Andreas: Alltag und Sachkultur in spätmittelalterlichen Frauenzisterzen. In: 750 Jahre Zisterzienserinnen-Abtei Lichtenthal: Faszination eines Klosters, Hg. von Harald Siebenmorgen, Ausstellungskatalog Karlsruhe: Badisches Landesmuseum, Sigmaringen 1995, S. 49–62

Zwei herausragende Persönlichkeiten
Anna von Buchwald
Kelm, Elfriede: Das „Buch im Chore" der Priörin Anna von Buchwald im Klosterarchiv zu Preetz. In: Jahrbuch für Heimatkunde im Kreis Plön-Holstein 4 (1974), S. 68–83
dies.: Das Buch vom Chore der Preetzer Klosterkirche. Nach dem Original dargestellt. In: Schriften des Vereins für Schleswig-Holsteinische Kirchengeschichte 2. R., Bd. 30/31 (1974/75), S. 7–35

Augusta Louise Gräfin zu Stolberg-Stolberg
Plath-Langheinrich, Elsa: Als Goethe nach Uetersen schrieb. Das Leben der Conventualin Augusta Louise Gräfin zu Stolberg-Stolberg, Neumünster 1989
Weisbecker, Walter: Goethe zwischen Geist und Sinnenfreude, Frankfurt a. M. 1994

Einzelne Klöster

Itzehoe
Hein, Lorenz: Itzehoe. In: Germania Benedictina, Bd. 12, S. 268–281
Pelc, Ortwin: Das Kloster Itzehoe. Vom Zisterzienserinnen-Konvent zum adligen Damenstift. In: Itzehoe. Geschichte einer Stadt in Schleswig-Holstein. Hg. von der Stadt Itzehoe, Bd. 1, Itzehoe 1988, S. 43–61

Preetz
Bertheau, Friedrich: Beiträge zur älteren Geschichte des Klosters Preetz. In: Zeitschrift der Gesellschaft für Schleswig-Holsteinische Geschichte 46 (1916), S. 134–196
Diederichs-Claus, Bärbel: Der neue Hochaltar in der Preetzer Klosterkirche von 1743. In: „… aus Preetzer Geschichte". Informationsblatt des Heimatvereins Preetz und Umgebung e.V. sowie des Archivs der Stadt Preetz 10 (2003), S. 13–24
Erdmann-Degenhardt, Antje: Preetz, Vom Kloster zum Adeligen Fräuleinstift. In: Schleswig-Holstein 1992, H. 3, S. 9–12
Hauschildt, Jakob: Das ehemalige Hochaltar-Retabel der Preetzer Klosterkirche. In: Nordelbingen, Beiträge zur Kunst- und Kulturgeschichte Schleswig-Holsteins 64 (1995), S. 23–39
Hein, Lorenz: Preetz. In: Germania Benedictina, Bd. 11, S. 498–511
Schütz, Bernhard: Klosterkirche Preetz, München 1975 (Schnell, Kunstführer Nr. 1030)

Schleswig
Hein, Lorenz: Schleswig, St. Johannis. In: Germania Benedictina, Bd. 11, S. 520–529
Die *Kunstdenkmäler der Stadt Schleswig*, Dritter Band: Kirchen, Klöster und Hospitäler. Bearb. von Deert Lafrenz. München 1985, S. 211–298
Rumohr, Henning von, und Wolfgang J. Müller: Das St.-Johannis-Kloster vor Schleswig. In: Beiträge zur Schleswiger Stadtgeschichte 10 (1965), S. 31–39

Uetersen
Fründt, Andreas: Das Hochadeliche Closter Uetersen, Uetersen 1986
Jachomowski, Dirk: Uetersen. In: Germania Benedictina, Bd. 12, S. 664–677
Plath-Langheinrich, Elsa: Die mittelalterliche Klosteranlage Uetersen. In: Jahrbuch für den Kreis Pinneberg 1988, S. 87–96
dies.: Das Adelige Kloster Uetersen; Ein kleiner Wegweiser, seine Geschichte, seine Menschen, seine Gebäude, 2. Aufl., Uetersen 1996
dies.: Das Damenstift Kloster Uetersen in Holstein, Vorbild für das Königliche Stift Vallø auf Seeland. In: Andermann, S. 133–146

Lexika:
dtv-Wörterbuch zur Geschichte. Verf. von Konrad Fuchs und Heribert Raab, 13. Aufl., München 2002
Mönchtum, Orden, Klöster. Von den Anfängen bis zur Gegenwart. Hg. von Georg Schwaiger, München 1998
Schleswig-Holstein-Lexikon. Hg. von Klaus-Joachim Lorenzen-Schmidt und Ortwin Pelc, Neumünster 2000

Foto- und Quellennachweis

Freies Deutsches Hochstift Frankfurt am Main: 18. – Museum für Hamburgische Geschichte: 5. – Schleswig-Holsteinische Landesbibliothek: 9, 10, 16, 17, 19, Vorsatz vorn. – Oliver H. Schmitz: Kloster Zinna und der Orden der Zisterzienser, Berlin 2001: 11. – Kloster Preetz, Archiv: 8. – Stiftung Schleswig-Holsteinische Landesmuseen Schloß Gottorf: 7, 14, 15. – Studierende der FH Kiel, Fachbereich Bauwesen in Eckernförde: Ricardo Piñeiro Alvarez: 2, 3; Janna Schulz: 1, 24; Jan Steinhusen: 37, Schutzumschlag. – Joachim Thode: 23, 31. –
Lagepläne Schleswig, Preetz, Itzehoe, Uetersen sind Auszüge aus der Deutschen Grundkarte 1:5000, Landesvermessungsamt Schleswig-Holstein: 20, 25, 33, 41. –
Grundrisse Schleswig – Zeichnung vom Verfasser auf der Grundlage einer Zeichnung des Landesamtes für Denkmalpflege, Kiel: 21. – Preetz – Zeichnung vom Verfasser auf der Grundlage von Zeichnungen in Schütz 1975 (Grundriß der Kirche), und Geschichte und Art der Baukunst in den Herzogtümern Holstein und Lauenburg sowie den Fürstentümern Lübeck und Ratzeburg von Richard Haupt, Heide i. H. 1924 (Grundriß der Klausur): 26. – Uetersen – Zeichnung vom Verfasser auf der Grundlage einer Zeichnung in Platz-Langheinrich 1988: 42.
Klöster in Schleswig-Holstein, gezeichnet auf der Grundlage der von Erwin Raeth nach einem Entwurf von Wolfgang Prange angefertigten Karte „Die mitteralterlichen Klöster". In Schleswig-Holstein-Lexikon, Neumünster 2000, S. 278: Vorsatz hinten. –

Alle anderen Fotos und Zeichnungen vom Verfasser.

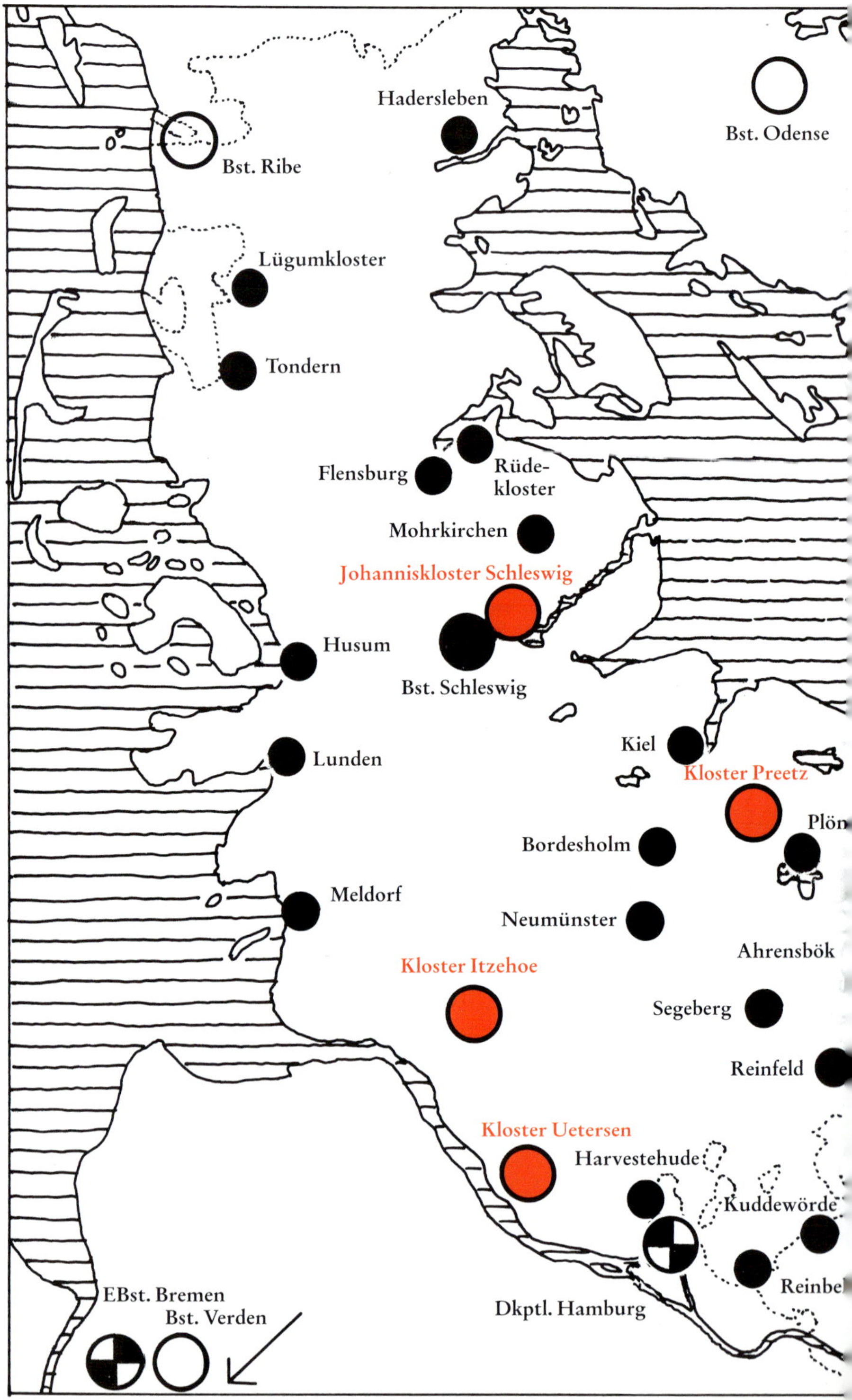
Hadersleben
Bst. Odense
Bst. Ribe
Lügumkloster
Tondern
Flensburg
Rüde-
kloster
Mohrkirchen
Johanniskloster Schleswig
Husum
Bst. Schleswig
Kiel
Lunden
Kloster Preetz
Plön
Bordesholm
Meldorf
Neumünster
Ahrensbök
Kloster Itzehoe
Segeberg
Reinfeld
Kloster Uetersen
Harvestehude
Kuddewörde
EBst. Bremen
Bst. Verden
Dkptl. Hamburg